風水 讓富人累積財富，
讓窮人改變命運。

謝沅瑾 瑾

自　序

中國人常說：「一命、二運、三風水、四積陰德、五讀書」，讀書不外乎增加知識、常識和文筆能力，傳統上又以「士、農、工、商」作為社會地位的排名順序，要進入朝廷當官必然得依循科舉考試制度，因此「十年苦讀無人問，一舉成名天下知」成為眾人最大的期望，如何增加考運、考好成績，就自然成為中國人最在意的問題之一了。

當然，不論時代如何改變，考試雖然不能真正測出一個人的「能力和實力」，但是畢竟是從億萬人口中，選出知識較豐富的人再做篩選，就算能力與知識不一定成正比，但至少是一個方式，而且在古代它也是一個讓窮人有機會翻身的方式，試看在中國歷史中，有多少人都曾時運未濟、夜宿破窯，甚至鑿壁借光、捉螢火蟲讀書……一朝考上狀元、探花、榜首，便能一舉成名，改變自己的命運。正如呂蒙正的格言──「時也、運也、命也！」

在知識爆炸的現代，或許讀書考試已不再是改變人生唯一的一步了，但在看過這一本書之後，你也能運用文昌風水來為人生加分。

扭轉自己的命運，就從這一步開始！

謝沅瑾

生民未有

文昌風水教科書

民國	年齡	重要經歷
		謝沅瑾老師大事紀
59	6	開始學習國術
67	14	開始學習命理五術
68	15	開始學習手語
70	17	獲選東區善行模範生
71	18	以業餘身分開始從事命理、堪輿相關作業 考上國術、太極拳合格教練 創立手語社、園藝社並擔任社長、擔任博愛社社長，並獲選為「科」模範生
72	19	於松山區青少年福利服務中心教授北區各校手語精英
79	26	白手起家配合專業知識創立連鎖事業
82	29	正式執業，成立「謝沅瑾命理研究中心」
83	30	開始長期接受台視、中視、華視、三立、東森……等九家電子及平面媒體新聞採訪報導
84	31	受邀長期參加全國各有線無線電視台節目錄影
85	32	受邀長期參加三立「穿梭陰陽界」、GTV 27「神通鬼大」……等節目錄影
86	33	受邀長期參加中視「社會秘密檔案」……等節目錄影
87	34	受邀長期參加超視「星期天怕怕」、八大「神出鬼沒」……等節目錄影
88	35	受邀參加日本電視台長期電視錄影 受邀參加東森「鬼話連篇」……等節目錄影長達五年
89	36	受邀長期參加三立「第三隻眼」……等節目錄影
90	37	受邀長期參加東森S「社會追緝令」、GTV 28「命運大作戰」……等節目錄影
92	39	受邀參加中天「台灣妙妙妙」……等節目錄影長達二年
93	40	受邀參加上海電視台演講錄影 風水著作「謝沅瑾風水教科書系列」開始出版

94	41	長期受邀於新加坡、馬來西亞……進行多次演說 受邀參加緯來「好運望望來」長達一年、緯來「不可思議的世界」…等節目長期錄影
95	42	「謝沅瑾風水教科書系列」第五本《好風水、好桃花》出版 「謝沅瑾民俗風水教科書系列」《福》、《祿》、《壽》、《喜》出版
96	43	受邀長期參加澳門澳亞衛視「命運妙妙妙」節目錄影 受邀長期於獨家報導撰寫「謝沅瑾回憶錄」，成為第一位連載回憶錄的風水命理老師 「謝沅瑾風水教科書系列」第六本《招財風水教科書》出版
97	44	「謝沅瑾民俗風水教科書系列」、「謝沅瑾開運農民曆系列」開始出版
98	45	「謝沅瑾民俗風水教科書系列」《謝沅瑾老師教你改好運發大財》出版
99	46	受邀長期為澳門澳亞衛視「順風順水」節目專屬命理老師 「謝沅瑾風水教科書系列」第七本《新居家風水教科書》出版 「謝沅瑾民俗風水教科書系列」《謝沅瑾老師教你改好運發大財2》出版
100	47	創立「中國正統民俗風水教育協會」擔任第一屆全國總會理事長 當選「中華星相易理堪輿師協進會」第四屆全國總會理事長 獲頒中華民國一百年全國模範勞工，由馬英九總統親自頒發 「謝沅瑾民俗風水教科書系列」《文昌風水教科書》出版

▲謝沅瑾老師祝大家都能金榜題名，狀元及第。

胡瑋庭老師

◎謝沅瑾老師入室大弟子
◎謝沅瑾命理研究中心行政負責人
◎中華堪輿擇日師協會總會名譽副理事長
◎中華星相易理堪輿師協進會台北市分會秘書長

自1995年認識謝老師開始，從一個拜託謝老師幫忙看自己家裡風水的人，轉變成一個跟著謝老師看人家家裡風水的人，每天跟著謝老師一起看風水、八字、姓名已近十年，然而謝老師給我的感覺，卻跟剛認識時一樣，那麼熱心、真誠與負責。

在開始和謝老師學習時，謝老師已經是一個媒體寵兒，除了固定時間錄影的兩個節目以外，還隨時都會有媒體想要採訪或邀約錄影。在每天排得滿滿的風水鑑定行程中，還要挪出時間參加各種錄影與訪問，固然考驗了一個助理的能耐，但更考驗了一個命理老師的品格和人格。

在這十多年來，眼看著許多老師在電視媒體上進進出出，出現消失，或者自以為有名而張牙舞爪，得意洋洋，甚至獅子大開口的人大有人在，能夠像謝老師一樣，在媒體的包圍之下，依然維持一貫的誠實、謙虛、純樸、熱誠的老師，可說是少之又少。

特別是和謝老師在國際舞台上看著美國、日本、新加坡……等世界各國媒體邀約採訪時，一位真正國際級的大師，受到大家真心的尊重，仍然能夠保持平常心，對待所有的人，那種感覺才是我真正感動的地方。

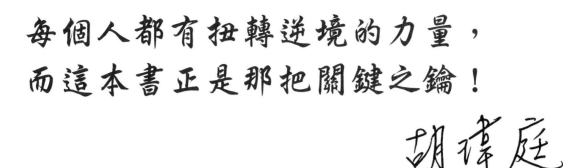

每個人都有扭轉逆境的力量，
而這本書正是那把關鍵之鑰！

胡瑋庭

謝老師要求每一位弟子，一定要有人飢己飢，人溺己溺的精神，並常說道：「法律之前人人平等，相同地，在當老師的人面前也應該是一樣人人平等，絕對不可分貧富貴賤，任何人都有改變命運的權利！」所以和謝老師一起走過的這十年間，無論是達官貴人，或是一般民眾，謝老師從不分貧富貴賤，都是一樣認真謙虛的對待。

謝老師常常犧牲用餐時間，餓著肚子，還認真地聽每一個人說著自己的問題，看在眼裡，感動湧現在心裡。在這十多年中，有好幾次遇到家中發生急難的人，不計一切代價，甚至直接捧著大把鈔票前來，只希望事情能越早處理好越好。這種情況要換做是其他老師，有的可能就照單全收，甚至還趁火打劫，想盡辦法敲竹槓的大有人在，但謝老師不但沒有如此，甚至見到當事人家境困苦，更是伸出援手免費幫忙解決問題，這種善行義舉，對天天和謝老師一起東奔西跑，救苦救難的我們，更是如數家珍。

由於長期在謝老師身邊的關係，謝老師在風水命理姓名學上的專業與準確，對我而言已如同家常便飯，見怪不怪，然而眼看著一位命理老師，長期處在這樣的地位與聲望中，卻依然能保有當年的那股熱情與原則，對我們這種經歷無數，聽過成千上萬家庭的喜怒哀樂的人來說，謝老師的「一路走來始終如一」才是我最敬佩他之處。

于子芸老師

◎謝沅瑾老師入室二弟子
◎謝沅瑾命理研究中心總部暨新加坡分部專任解說老師
◎中華堪輿擇日師協進會台北市分會會長
◎台北市中華易象易理堪輿師協進會台北市分會副會長

自1984年與謝老師認識，從相信風水、瞭解風水，進而接觸姓名學，在這麼多年接觸學習的過程中，深知謝老師將所學到的知識，毫無保留地傳授給弟子們。

謝老師告誡弟子們：「要把有用的學問，幫助需要幫助的人，絕不能分貧、富、貴、賤。」更不能用自己所學的學問，去做坑、矇、拐、騙的事去害別人，因為我們所說的任何一句話，都有可能會影響到別人的一生，所以說話必須實在，不要誇大，要將別人的問題，用誠懇的心去處理事情，解決問題。

謝老師始終認為人應該為自己說的話負責，而謝老師許多傳承自師尊的告誡，像是「稻子愈成熟，頭就要垂得愈低。」「一個人有三分才華，就要有七分謙虛。」不管擁有多強的實力，身處多高的地位，處事低調、謙虛、誠懇，這些特質從謝老師身上便可看到，這也是老師給弟子們的座右銘，我們時時刻刻都謹記在心。

謝老師是一位無私奉獻、值得尊敬的老師，在教授風水上面，毫不藏私，毫無保留地用最簡單的詞彙，清楚明白地教弟子們和電視機前的每一位觀眾，在世界各國各地的演講中，總有無數的命理老師會到現場聽演講。

謝老師的轉運秘招，讓你轉逆境為順境！
突破困境，再造生命高峰！

于子芸

當我們問老師為什麼還是毫無保留地傳授和回答時，謝老師很認真地跟我們講：「這有什麼關係嗎？正確的命理風水知識，如果可以讓每一個人或每一個老師，有更正確的觀念，去幫助更多需要幫助的人時，其實就是傳播善知識，不是一件很好的事嗎？」

這與許多別的老師藏私、嫉妒、自大的態度相比較，有如天壤之別，更加深了我們對謝老師的尊敬，難怪有這麼多人都稱謝老師為「風水命理界的教父！」

謝老師還常說，學問是學無止境，活到老，學到老，謝老師出書，是為了要讓更多的人瞭解風水、命理，進而無形中能幫助更多的人，誠如謝老師所言：「風水讓富人累積財富，讓窮人改變命運。」

我們非常感恩謝老師的教誨，不僅學習到很多專業方面的知識，也學習到許多待人處事的方法與態度，今後我們將秉持謝老師「幫助所有需要幫助的人」的理念，繼續將謝老師服務濟世的精神傳承下去，幫助更多需要幫助的人。

馮琮婷老師

◎謝沅瑾老師入室三弟子
◎謝沅瑾命理研究中心專任解說老師
◎謝沅瑾命理研究中心新加坡分部專任解說老師
◎中華星相易理堪輿師協進會台北市分會會長

自1995年起認識謝沅瑾老師,算一算時間已經十多年了,很多人都很羨慕我,有甚麼樣的因緣際會,可以讓我待在謝老師的身邊學習,可能都會覺得這是上輩子所修來的福吧!

謝老師就是我身邊的一個大型知識寶庫,取之不盡用之不竭!在風水、命理的專業知識能力上是大家有目共睹,且不容置疑的。謝老師不只是在專業知識上的傾囊教授、而且更加注重個人內在的修為,能夠站在別人的立場去感同身受,不但如此,對於每一位弟子也都諄諄教誨,要求每位弟子能夠感同身受地去體會,更希望藉由我們的力量,來幫助更多需要幫助的人。

這麼多年來謝老師就像大家所見到的,總是一件簡單的白上衣西裝褲。而私底下的他,也就像他的外表一樣,這麼的「單純」、「簡單」,我常常在想,怎麼會有人這麼沒有慾望?有人追求名牌、美食……等等,但是在他身上都「看不到」,私底下的生活,再踏實也不過了!即使我們看見有許多的人把謝老師當作救世的活菩薩,神一般地崇拜,謝老師也一樣用平常心去對待,正如他所說:「平凡中的不平凡,才是真正的不平凡。」

改變，不再等待！
就從這本書開始！

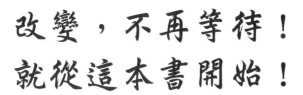

謝老師是第一個把風水用全方位科學解剖分析的老師，也是第一個將這樣的科學風水學問，透過電視傳遞給全世界的老師，當大家把謝老師稱作風水命理界的教父，看到世界各國的媒體採訪謝老師時，謝老師仍能保有一貫的謙虛和熱誠，是最讓我們這些弟子感動的地方。

就像在國外簽書時，讓謝老師最感動的不是華麗的排場，或現場的人山人海，竟然是一個不懂華語的外國黑人朋友，拿著老師的書要求簽名和握手時的感動，「能夠把正確的風水知識，傳遞給全世界」的心願，就像種子發芽成長的感動，感動著每一個人。

現在，謝老師又把風水這麼艱深的學問，透過文字，配合圖表，以及實例的照片，讓一般人可以更快速更清楚的了解，我想，這可是風水書中的第一人吧！很慶幸也榮幸能夠在一個內外兼俱的老師教導下學習，最後，希望大家可以透過書了解自己，然後再改變自己，樂觀的面對自己的人生，認真過自己的每一天！

各位讀者很有緣分的能讀到這本書！我想這是我們成功的開始！

文昌風水教科書　目錄

◆謝老師及弟子序文　　002

◆風水文昌篇　　014
第一章　文昌總論　　016
一、何謂「文昌」　　016
二、文昌的種類　　018
第二章　居家文昌風水　　034
一、固定文昌位　　034
二、流年文昌位　　080
第三章　文昌位的維護　　088
一、最佳的文昌位運用　　088
二、文昌位的強化　　090
三、不佳的文昌方位　　096
第四章　強化考運的書房擺設　　102
一、幫助靜心的書桌擺放法　　103
二、書桌擺放的五大禁忌　　105
三、書桌桌面擺設法　　110

◆民俗文昌篇　　112
第五章　神明加持好考運　　114
一、掌管考運的神明　　114
第六章　增強考運怎麼拜？　　136
一、拜拜時機　　136
二、廟裡求考運流程　　138
三、幸運供品大解析　　146
第七章　選對志願，事半功倍　　150
一、五行生剋　　151
二、找出個人屬性　　152

特別附贈
開運文昌符　　159
魁星踢斗圖　　159

風水文昌篇

第一章 文昌總論

第二章 居家文昌風水

第三章 文昌位的維護

第四章 強化考運的書房擺設

第一章　文昌總論

一、何謂「文昌」

文昌，顧名思義就是文思非常豐富、文采高，昌盛不絕的意思。中國自古以來即是一個相當重視讀書與學識的社會，所謂「萬般皆下品，唯有讀書高」，又說「士農工商」，代表讀書人的士子被視為社會階層中最高的地位。

又因為科舉考試的興起，讀書、求取功名成為一般人想要改變自己命運最重要的途徑，為了「十年寒窗苦讀書，一舉成名天下知」的這一刻，古代的讀書人努力苦讀，而貧苦人家的孩子也積極爭取能讀書的機會，等待有一天能夠翻身。但畢竟功名甚少，最後能金榜題

▲中國古代科舉是窮苦人家翻身的機會，即便生活困苦，為求功名仍努力苦讀。

名者，也不過寥寥數人。而這些文采特高的人，即被認為是天上的文昌星轉世，或者在風水上必定有過人之處，或是受到了掌管文采的文昌神庇佑。

但無論如何，因為這樣的緣故，一直到現在，文昌一直都是讀書人、考生最渴望求取的部分。但文昌興旺與否，表面上看來是對考運有影響，但實際上比較精確的說法是文昌的好壞，牽涉到個人對於思維、邏輯與理解能力的高低。試想考試中最需要的便是對於題目的理解；之後有條理的論述，提出個人精闢的見解，才能夠獲得好成績，脫穎而出。具備這些能力的人不僅在考試上，即便在日常生活的待人接物中，也都會比較順暢與靈巧。換句話說，如果文昌不興旺，除了影響到考試的表現之外，在與人應對、處理事務上面的能力也會相對的薄弱。

所以廣泛的來說，文昌所帶來的影響不只考生需要注意，一般人也同樣需要好文昌的加持，對於事業各方面運勢的提升，都有不容小覷的正面力量。

▲讀書考試自古以來受到人們的重視，廟宇中經常可以看到書卷的裝飾。

二、文昌的種類

傳統文化中，文昌不僅是一種信仰，文昌的影響存在於各方面。但影響一個人文昌運勢的好壞則可以從幾個層面來討論：

◎個人文昌

個人文昌運勢一般指的是八字中是否帶有利於文昌的神煞。一般來說八字的範疇裡與文昌有關的可以分為「天、地、人」三個部分。

「天」也就是天分、天賦，指的是帶有「文昌」或「六秀」。文昌主有關記憶、判斷的部分。特別是對於學校課程的學習、課本的背誦，具有很強的記憶能力。所以傳統上，以八股取士，八股文的背誦是科舉的主要科目，因此能中舉的人一定要有很強的背誦能力，過目不忘，因此，人們通常也認為可以中舉的人，必定命帶文昌。

另一個相關的神煞為「六秀」，主要掌管判斷、分析、學習能力，特別在藝術工藝類的學

▲個人八字神煞，與文昌運密不可分。

習上會特別快。對於學校課業之外的其他事物的學習能力特別強。

「地」指的是讀書的地點，一般來說是指命中帶有「學堂」這個神煞，命中有「學堂」的人，多半能擁有良好的學習環境，此類人通常聰明，興趣會決定他的方向。

「人」指的是讀書人的氣質，一般來說是指「學士」這個神煞。命中帶有「學士」的人，天生具有讀書人的氣質，行為舉止皆有書卷氣，即使不識字，依然讓人覺得氣質高尚，甚至直覺此人應該是學問豐富，或者是從事教職者。

以上這四個八字中的神煞，雖然各自有不同的功能，但是對於念書這件事情來說，都是非常相關的。傳統上也認為，命中帶有這些星宿的人，在讀書、考試、學習上具備天賦，比較容易有過人的表現。

個人文昌神煞與影響表

神　　　煞	象　　徵	影　　　　　　　　　　　　　　　響
文昌	天	記憶、分析、正規教育
六秀	天	理解、判斷、工藝與其他非正式的教育
學士	人	文人氣質
學堂	地	學習環境

謝沅瑾民俗文化研究中心

◎風水文昌

傳統上認為，祖墳或者家宅所在風水的好壞，對於一個人的運勢也有很大的影響，最好的風水是能出「財、丁、貴」三者皆有，其中「貴」就是指官貴，也就是指能出讀書人、能當大官，反過來說也就是有好的文昌風水。

風水文昌可以分為兩種，一種是整體大型風水地理的影響，也就是指外在大環境的風水格局，這類影響通常規模大、歷時長，我們經常聽到的秀才村，也就是一個聚落裡會出非常多的秀才、舉人、進士等，例如金門瓊林的蔡姓家族，明、清兩代就出了進士六名、舉人七名、貢生十五名、秀才八十多名，通常都是受到大型風水的影響。

▲整體的大型風水，對於附近的村落、住家都會帶來影響，影響的時間也很長。

一般來說如果附近有「文筆峰」、「筆架山」、「文案桌」，主出文狀元，如果有「旗鼓相當」的風水格局，則容易出武狀元。

另一種中型風水，也就是指祖墳或者住家而言。其中陽宅的部分，以開門的方位影響最大；而陰宅的部分，則以龍、穴、砂、水、朝山、案山、墓碑與水口開的方向為主。

風水上講究藏風納氣，陽宅的門與陰宅的水口是氣場進出的重要出入口，門與水口開的位置，對於氣場所帶來的運勢具有決定性的影響。風水上將我們所處的環境分為二十四個方位，每個方位都具有特殊的意義，代表著不同的吉凶禍福，其中代表文昌興旺與否的方位，即為官爵與官貴。如果陰宅的水口或者陽宅的門開在官爵或者官貴的位置上，對於文昌運勢來說就是最好的選擇，家人在考試、讀書方面都容易有好成績。

◎開門方位與文昌

風水典籍《玉輦經》是探討「開門方位」最為詳盡的經典著作,《玉輦經》根據風水上所劃分的二十四個方位,設定了二十四個不同的開門方位會遇到的狀況,每一個方位開門所帶來的吉凶運勢不同,也各自主宰了不同的運勢。其中與文昌有關的門向是「官爵門」與「官貴門」,因為傳統上要當官、顯貴都必需要經過考試,而掌管考試者則為文昌。因此如果住家的大門,或者祖先墳墓的水口開在這兩個門向上,家中子孫會讀書、考運好的機率就會大大提高。

這二十四個門有固定的次序,從「福德門」開始,終於「旺財門」,如此順時針形成一個循環。可以對照每個不同的座向福德所在的位置,依序順時鐘排列下去就可以找到「官爵門」與「官貴門」所在的位置。二十四門排列順序如下(紅字為吉門,黑字為凶門),**二十四門吉凶評判見右頁**:

福德門→瘟癀門→進財門→長病門→訴訟門→官爵門→官貴門→自吊門→旺庄門→
興福門→法場門→顛狂門→口舌門→旺蠶門→進田門→哭泣門→孤寡門→榮福門→
少亡門→娼淫門→姻親門→歡樂門→敗絕門→旺財門→

傳統的風水書籍裡座向的寫法是「Ｘ山Ｘ向」,所謂的山指的就是座。例如「子山午向」也就是「坐子向午」,讀者再分別找出子與午各代表什麼方位,即可以找出正確的位置。以下的對照圖已經詳細標明了現代通用的方位名詞,以便讀者查詢。

但要特別注意的是,風水上對於方位的測量是非常細緻且謹慎的,如果牽涉到要決定大門方向或者陰宅的方位,一定要請熟練羅盤應用的老師來仔細測量,以免發生「分金差一線,富貴不相見」的遺憾。

◎ 福德門（吉）：招財進寶、功成名顯、長者有德、子孝孫賢
◎ 瘟癀門（凶）：染病得瘟、發狂自殘、壯丁臥床、妻離子散
◎ 進財門（吉）：百事大興、人財兩旺、五穀滿屋、六畜興旺
◎ 長病門（凶）：宿疾纏身、痛苦難當、良藥難醫、猝死絕亡
◎ 訴訟門（凶）：無端惹禍、訟事難絕、誣陷栽贓、身敗名裂
◎ 官爵門（吉）：官高位重、政績顯卓、名振鄉里、功蓋全國
◎ 官貴門（吉）：上位倚重、下位順服、榮昌富貴、俸祿滿屋
◎ 自吊門（凶）：刀兵血光、無端遭殃、橫禍相逼、自縊而亡
◎ 旺庄門（吉）：日日平順、年年豐收、加官進祿、生活無憂
◎ 興福門（吉）：健康富裕、福壽綿長、災禍遠離、四時吉祥
◎ 法場門（凶）：官非難斷、枷鎖上身、刑場無情、空留遺恨
◎ 顛狂門（凶）：人生崎嶇、萬事空亡、生離死別、瘋癲邪狂
◎ 口舌門（凶）：口角不斷、爭執難平、唇槍舌戰、舉家不寧
◎ 旺蠶門（吉）：五穀低垂、牲畜肥美、絲綢如山、金銀滿櫃
◎ 進田門（吉）：收入豐厚、積蓄日增、招財納福、豐隆一生
◎ 哭泣門（凶）：家人橫死、禍患不休、錢財盡散、淚無可流
◎ 孤寡門（凶）：妻離子散、良人早亡、獨坐空室、家散四方
◎ 榮福門（吉）：得天獨厚、富貴滿盈、榮耀加身、福氣興隆
◎ 少亡門（凶）：未老先死、壯志未酬、子孫早夭、白髮淚流
◎ 娼淫門（凶）：金屋藏嬌、紅杏出牆、貪淫好樂、災厄內藏
◎ 姻親門（吉）：親家有德、往來和樂、互補互助、喜慶同賀
◎ 歡樂門（吉）：喜事連連、闔家歡欣、豐衣足食、幸福滿門
◎ 敗絕門（凶）：丟官失職、金銀盡敗、惡死凶亡、回首無奈
◎ 旺財門（吉）：五代同堂、丁財兩旺、飛黃騰達、富貴隆昌

風水文昌篇

◎「子癸申辰山申上起福德，官爵在乾，官貴在亥」

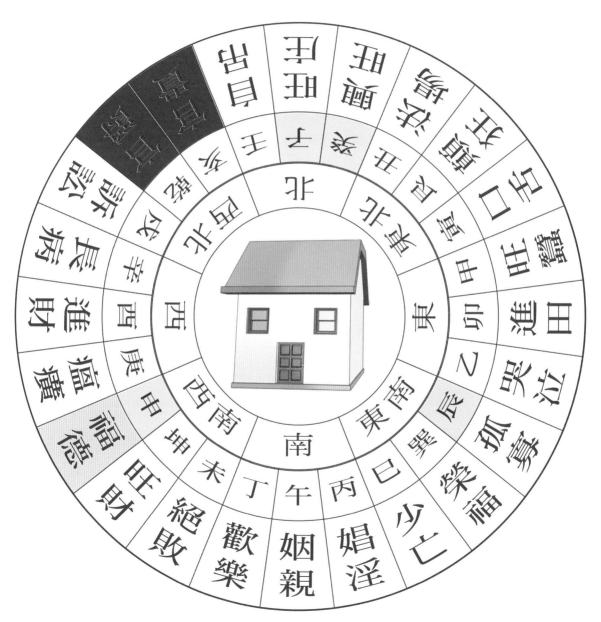

◎「酉丁己丑山酉上起福德，官爵在壬，官貴在子」

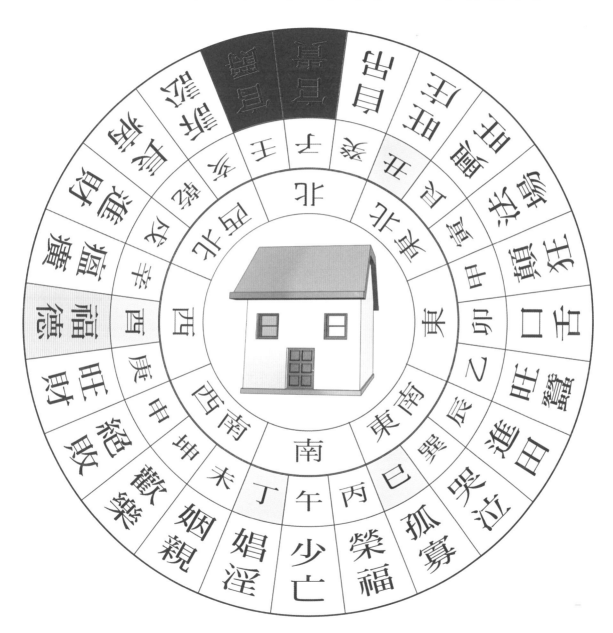

風水文昌篇

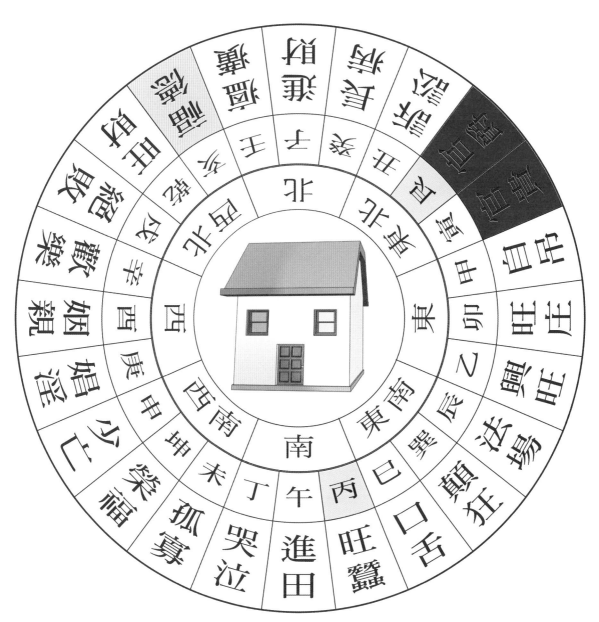

◎「寅午戌壬山午上起福德，官爵在庚，官貴在酉」

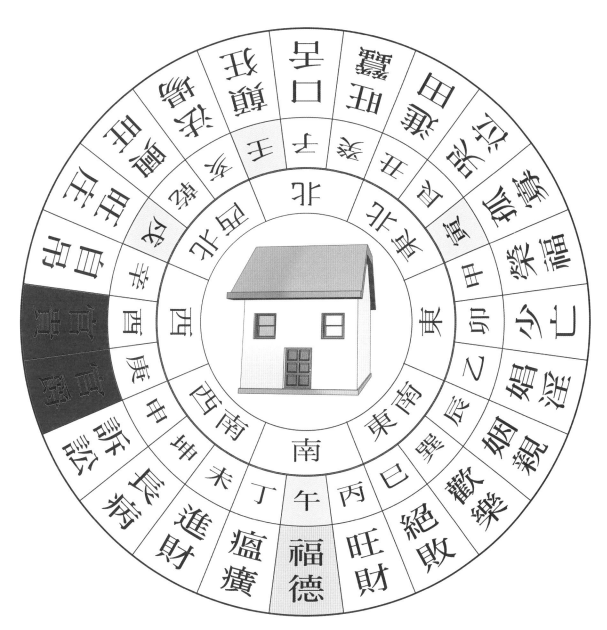

風水文昌篇

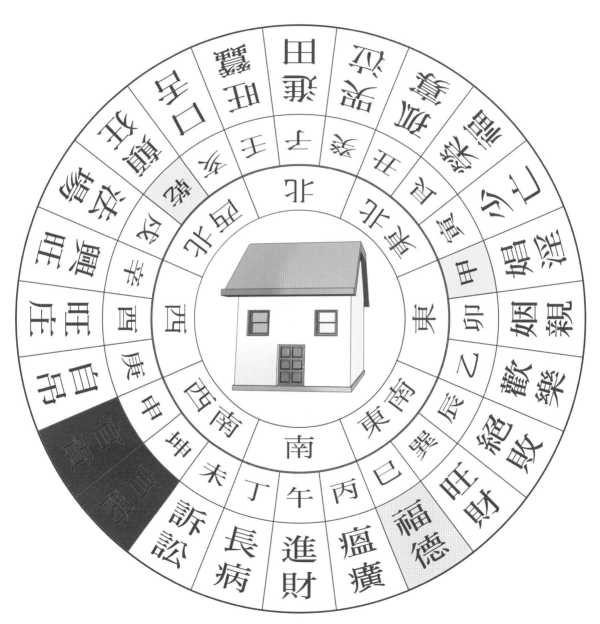

028

◎「亥卯庚未山寅上起福德，官爵在巽，官貴在巳」

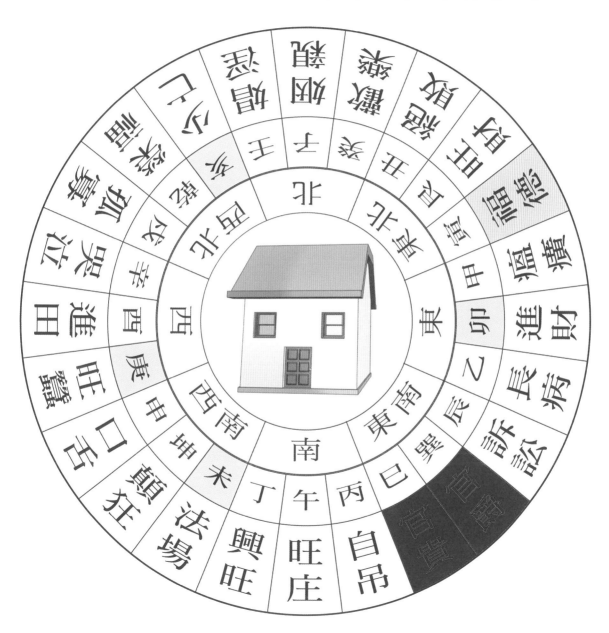

◎「坤乙山子上起福德，官爵在甲，官貴在卯」

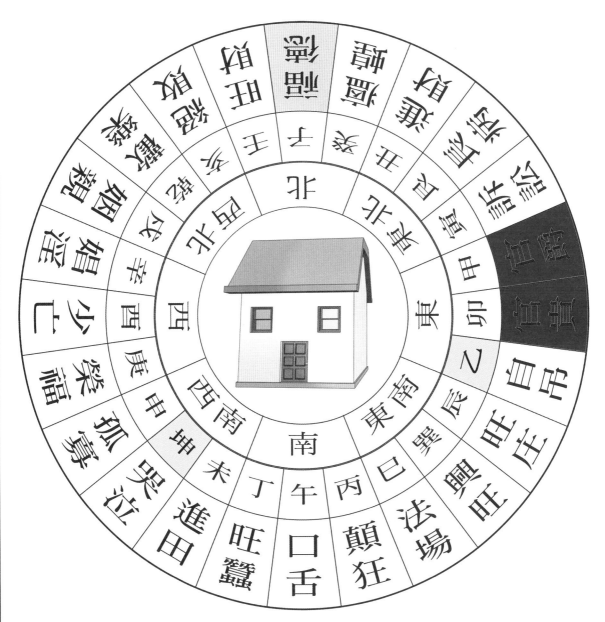

◎「巽辛山卯上起福德，官爵在丙，官貴在午」

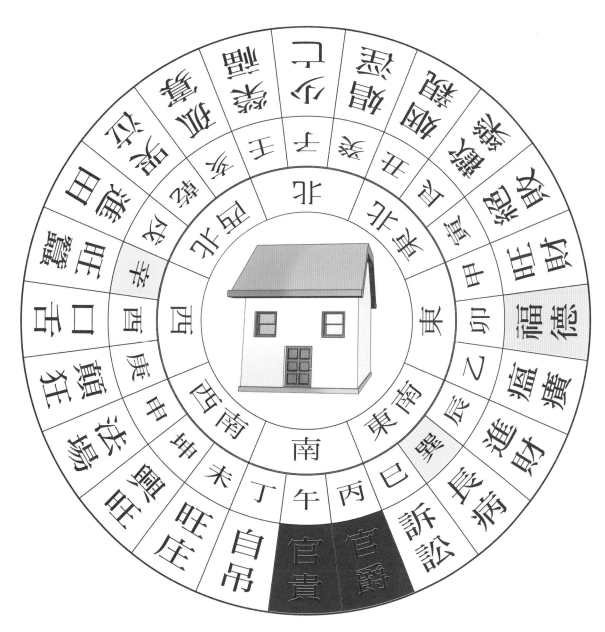

◎居家文昌

上 述所介紹的兩種文昌運勢，「個人文昌」是先天八字所決定，「風水文昌」與外在大環境有關，對文昌運勢都會造成影響，但卻不容易調整。而「居家文昌」指的是居家格局中的文昌風水，傳統風水觀認為居家的每個方位各有不同功能，其中掌管考運、讀書運的方位，就稱為「文昌位」。居家文昌相對於上述的其他種類的文昌，比較具有靈活調整性，對個人的讀書運、考運也有直接影響，是我們一般最常運用的文昌位。

居家文昌位又分為：

⊙固定文昌位

固定文昌位，可說是房子的真文昌位，又分為以門向來決定的「大門文昌位」，以及以座向來決定的「座向文昌位」。除非房屋的門向、整體的結構產生巨大的改變，否則一個房子的固定文昌位基本上是不會改變的。

⊙流年文昌位

流年文昌位指的是依照九宮飛星來推算的文昌位，由於九宮飛星每年分布的方式都不同，因此依此所推算出來的文昌位也年年不同，所以稱之為流年文昌位。

⊙生肖文昌位

生肖文昌位是根據個人出生年來推算的文昌位，簡單的說個人出生的年份會決定文昌的位置，也就是說不同生肖的人會有不同的文昌方位。因此在一個屋子裡，可能每個人的文昌位都不同。但這個文昌位的推算較為簡略，因此一般僅提供參考，在其他文昌位都沒有辦法運用時，才會以此方位來進行催文昌。

個人出生年文昌表

出　生　年	生　　　肖	個　人　文　昌　位
子　年	鼠	北　方
丑　年	牛	北　方
寅　年	虎	東　北　方
卯　年	兔	東　方
辰　年	龍	東　方
巳　年	蛇	東　南　方
午　年	馬	南　方
未　年	羊	南　方
申　年	猴	西　南　方
酉　年	雞	西　方
戌　年	狗	西　方
亥　年	豬	西　北　方
謝沅瑾民俗文化研究中心		

第二章 居家文昌風水

居家文昌位又分為「固定文昌位」以及「流年文昌位」，前者是固定的，後者則會隨著流年的變動而變動。但在強化考運上都具有一定的功效。使用上，一般來說以固定文昌為主，假如固定文昌落在不佳的位置，則可運用流年文昌來強化文昌運勢。

一、固定文昌位

固定文昌由於學派的不同，一般又分為以門向來決定的「大門文昌位」，以及以座向來決定的「座向文昌位」。這兩種方法推算出來的文昌位並不相同，但都是固定不會隨著流年而改變，除非變換大門開門的地方，或者是房屋整體外在環境改變，文昌位才會跟著改變。

◎大門文昌位

大門文昌位是以住家的大門所開的位置來推算的文昌位，必須先確認大門的門向是哪個方位，經過仔細計算才能得出正確的方位，可說是最為準確的文昌位，在這樣的文昌位上招文昌，能獲得最佳的效果。

▲固定文昌位有「大門」與「座向」兩種不同的尋找方式。

◉ 何謂大門？

尋找大門文昌位首先必須要先找出住家大門的方位。傳統上住在三合院、平房或者獨棟的樓房裡，大門的概念是很明確的，不管是外觀或者使用上，都有一個主要的大門，不會混淆。但公寓式的建築，究竟是進出者為大門？或者落地窗為大門？或者是樓下的大門？就不那麼容易界定。**在尋找大門文昌位時的大門是指進入自己住家的那個大門。**

▲如果住家是公寓大樓中的一戶，尋找「大門文昌位」時，作為基準的大門是自己住家進出的大門（右圖），而非公寓大樓（左圖）進出的大門。

⊙大門方位的尋找

一、使用「羅盤」或者「指南針」在室外先量出居家的正確位置，確認住家大門的正確方位。

測量時要注意一定要在戶外，避免建築的鋼筋、電器用品等影響測量的結果。

西北	北	東北
西		東
西南	南	東南

二、確定大門方位後，翻到住家的那一頁，例如住家大門落在西北方，
對照「大門文昌表」找出文昌位的方位在中央。

三、將自己住家的平面圖，區分成九等分，窗台與陽台等不是室內空間的部分不算在內。

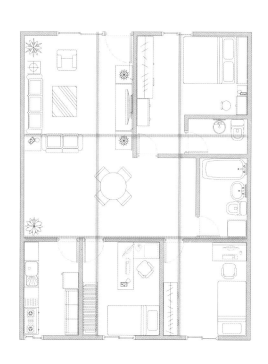

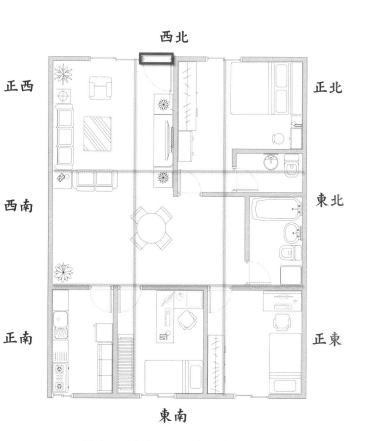

四、從大門的位置開始，依序標出每一格的方位。

西北

正西　　　　　　　　　　　　　　　正北

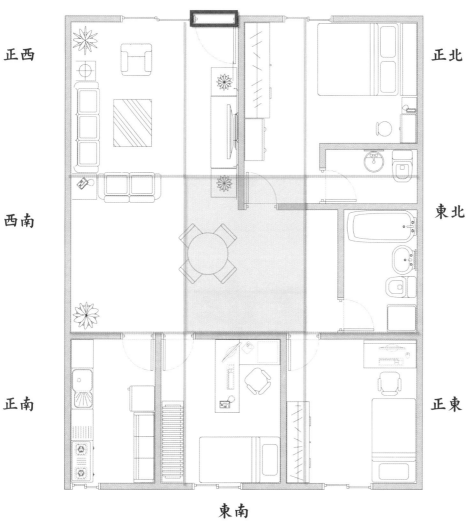

西南　　　　　　　　　　　　　　　東北

正南　　　　　　　　　　　　　　　正東

東南

五、對照步驟二所找到的文昌位方位,即可找出「大門文昌位」
的所在。

「門開正南方，大門文昌在東北」

西北	北	
西	中央	東
西南	南	東南

文昌範例圖

正南

東南

西南

正東

正西

東北

西北

正北

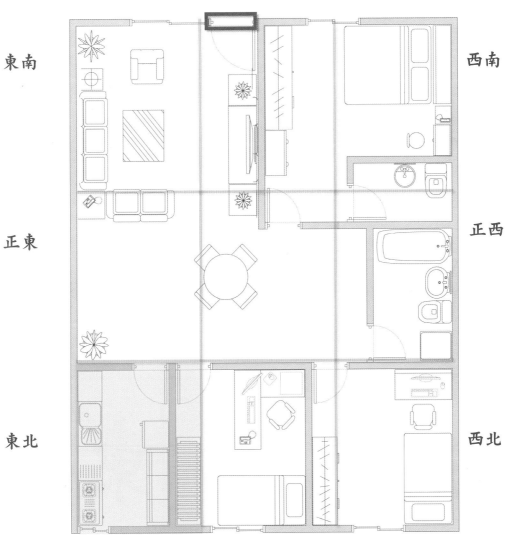

大門開正南方，文昌位在東北，落入廚房

「門開東南方，大門文昌在正東」

西北	北	東北
西	中央	
西南	南	東南

文昌範例圖

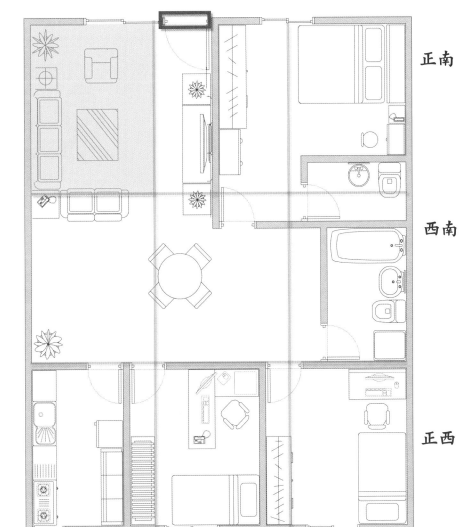

東南

正東　　　　　　　　　　　　　　　　　　正南

東北　　　　　　　　　　　　　　　　　　西南

正北　　　　　　　　　　　　　　　　　　正西

西北

大門開東南方，文昌位在正東方，落入客廳區

「門開西南方，大門文昌在正北」

西北		東北
西	中央	東
西南	南	東南

文昌範例圖

西南

正南

正西

東南

西北

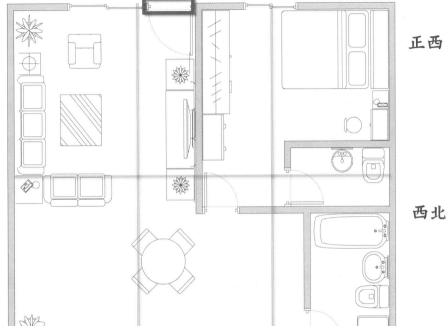

正東

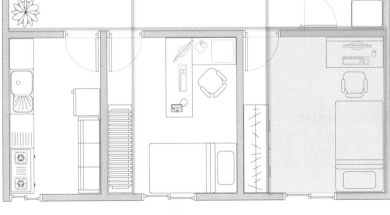

正北

東北

大門開西南方，文昌位在正北方，落入臥房

「門開正北方，大門文昌在正南」

西北	北	東北
西	中央	東
西南		東南

文昌範例圖

正北

西北　　　　　　　　　　　　　　　　　　　　東北

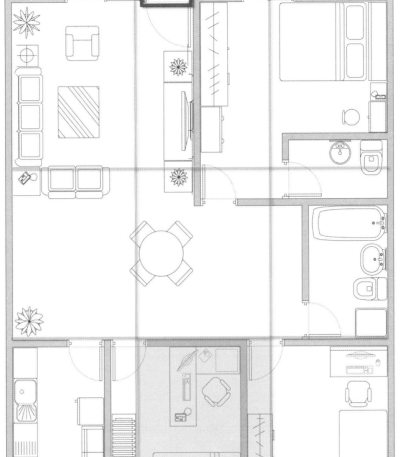

正西　　　　　　　　　　　　　　　　　　　　正東

西南　　　　　　　　　　　　　　　　　　　　東南

正南

大門開正北方，文昌位在正南方，落入書房

「門開東北方，大門文昌在正西」

西北	北	東北
中央	中央	東
西南	南	東南

文昌範例圖

東北

正北

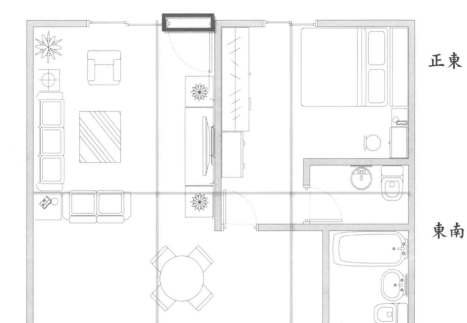

正東

西北

東南

正西

正南

西南

大門開東北方，文昌位在正西方，落入廚房

「門開西北方，大門文昌在中央」

西北	北	東北
西		東
西南	南	東南

文昌範例圖

西北

正西

正北

西南

東北

正南

正東

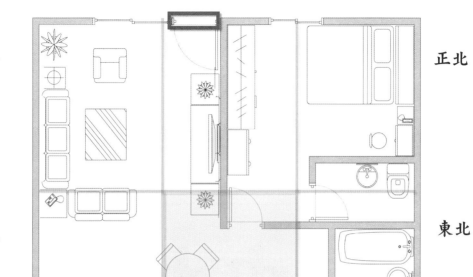

東南

大門開西北方，文昌位在中央，落入餐廳

「門開正西方，大門文昌在西北」

風水文昌篇

	北	東北
西	中央	東
西南	南	東南

文昌範例圖

正西

西南

西北

正南

正北

東南

東北

正東

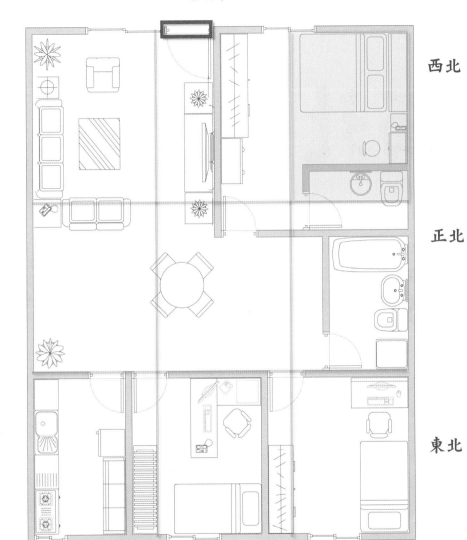

大門開正西方，文昌位在西北方，落入主臥房

「門開正東方，大門文昌在西南」

西北	北	東北
西	中央	東
	南	東南

文昌範例圖

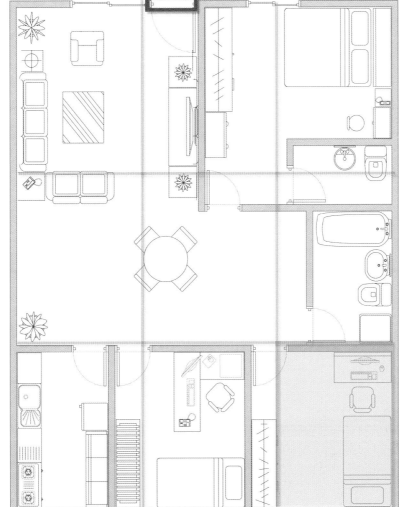

正東

東北

東南

正北

正南

西北

西南

正西

大門開正東方，文昌位在西南方，落入臥房

◎ 座向文昌位

座向文昌位是以住家的座向來推算的文昌位，必須先確認住家的座向是哪個方位，每個不同的座向有各自相應的文昌位。

⊙ 何謂座向？

尋找座向文昌位首先必須要先找出住家正確的座向。傳統上，判斷座向的方式有三種。

一、「出入口法」是傳統上最常使用的判定法。此法是以屋宅的進出口，來判定屋宅的方向。在單純的家屋上，以「出入口法」來作為判斷，是相當容易且方便的。但是在面對複雜的現代建築，以及各種特殊的地形建物時，「出入口法」就會有其侷限，容易造成判斷上的誤解。

▲傳統三合院有明顯的主要出入口，很容易定出座向。

　二、「受光面法」一派的理論，是以住家的受光面來作為座向的判斷標準，這一派的說法特別針對集合式的公寓住宅，將整棟大樓的出入口當作單純的進氣口，而以各戶家中受光面積最大、最多的那個方位為向，如此，即便是獨棟的、有統一進出口的大樓中，每個家戶都會因為其受光面的不同，而具有不同的座向，也就是一棟屋宅裡，含有各種不同的座向。然古書云：「向者，屋之出向也。」這樣的說法顯然與傳統的風水概念形成抵觸。

▲集合式住宅裡，同一棟房子裡的每一戶儘管門開的方向不同，但座向都是相同的。

三、「外觀或環境形勢法」是以屋宅整體的外觀與環境形勢來判斷座向的方法。對於現代多變的建築形勢，主張將建築當作一個整體，不管裡頭的家戶如何多變，都以這個建築整體的座向來作為家戶方位，換句話說，在一棟集合式住宅裡頭，每一個家戶的座向都是一樣的。另外，在面對特殊環境，例如山坡上出入口不一的屋宅、看海景的屋宅等，則是採用環境形勢來判斷座向，也就是傳統上所說：「一屋二向，更看來龍為主。」是一種結合傳統風水概念，因應現代建築多樣變化所修正的座向判定法。

所以在尋找「座向文昌位」時，主要還是以第三種「外觀或環境形勢法」來作為主要的座向判斷。

▲當一樓立面與主要出入口不在同一邊時，座向的判斷就要用外觀形勢來判別。

⊙座向文昌位的尋找

「座向文昌位」顧名思義是以座向來作為主來推算出來的文昌位，因此找尋座向文昌位時，要以整個建築物的座向為主，而不管門開的方位。以現代公寓建築來說，一個立方體的建築，樓上可能有好幾戶面向不同方位的人家，他們所開的門向也都不同，但就風水堪輿來說，因為他們同屬於一棟大樓，他們的座向都是一樣的，必須依照整棟大樓的座向來推算自家的文昌位。

▲同一棟大樓，儘管大樓中每個住戶開門的門向不同，但他們所屬的座向都是相同的。

⊙座向方位的尋找

一、使用「羅盤」或者「指南針」在室外先量出居家的正確位置，確認住家座向的正確方位。

在測出住家座向之後，可以在周圍找一個明顯的標的，例如：正東方剛好有一間便利商店，以此作為正東方的基準。等回到自己住家時，向外看到便利商店的位置，即知東方在何處，再依此標出住家的各個方位。

測量時要注意一定要在戶外，避免建築的鋼筋、電器用品等影響測量的結果。

二、確定座向後，翻到住家座向的那一頁，對照「座向文昌表」找出文昌位。例如住家座向為「座北朝南」，對照座向文昌表，及可以找出座向文昌位為東北方。

三、將自己住家的平面圖，區分成九等分，
窗台與陽台等不屬於室內空間，不算在內。

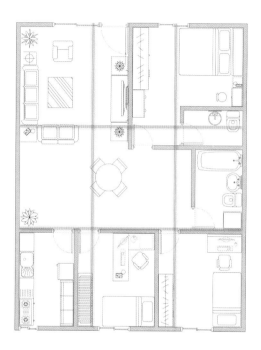

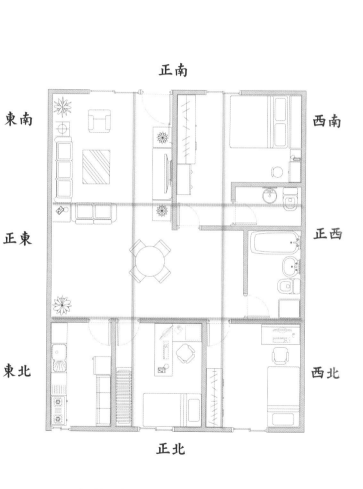

四、根據所測量的住家座向，標出住家中的
相對位置。

正南

東南

西南

正東

正西

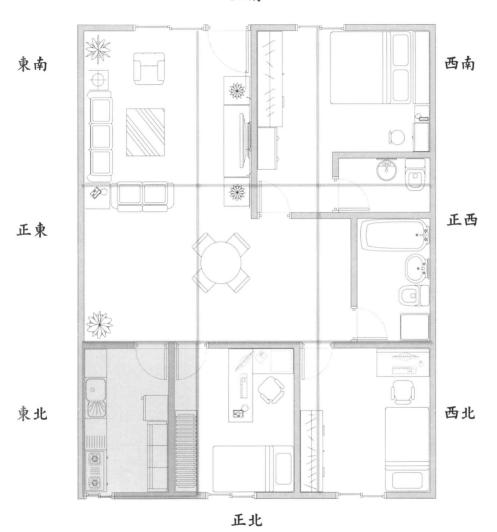

東北

西北

正北

五、對照步驟二所找到的文昌位方位，即可找出「座向文昌位」
的所在。

坎宅「座北朝南，座向文昌在東北」

西北	北	
西	中央	東
西南	南	東南

文昌範例圖

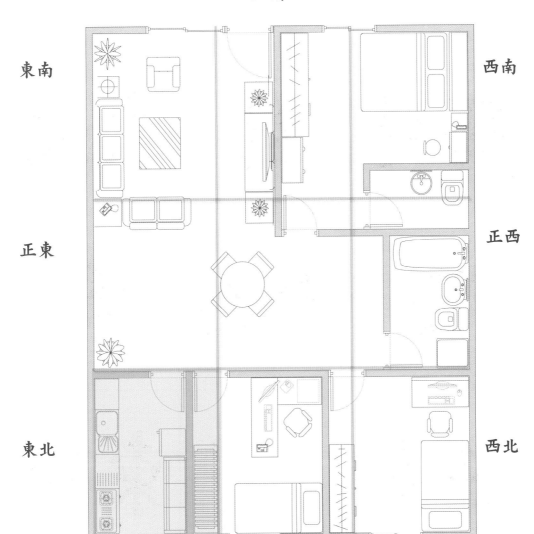

正南

東南

西南

正東

正西

東北

西北

正北

坎宅，座北朝南，文昌位在東北方，落入廚房

離宅「座南朝北，座向文昌在正南」

西北	北	東北
西	中央	東
西南		東南

文昌範例圖

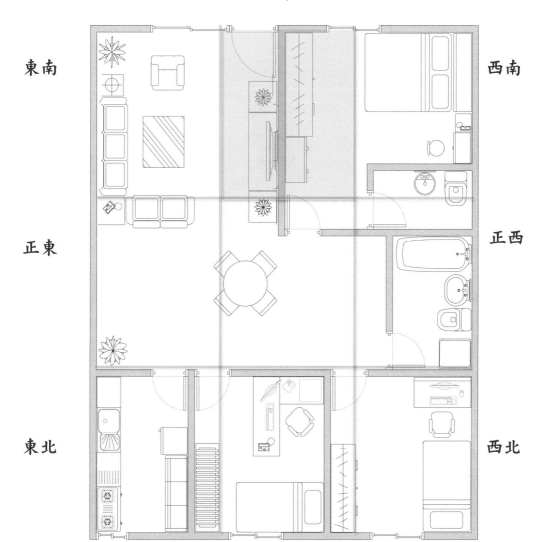

正南

東南　　　　　　　　　　　　　　西南

正東　　　　　　　　　　　　　　正西

東北　　　　　　　　　　　　　　西北

正北

離宅，座南朝北，文昌位在正南方，落入客廳與主臥房

	北	東北
西	中央	東
西南	南	東南

文昌範例圖

正南

東南

西南

正東

正西

東北

西北

正北

震宅，座東朝西，文昌位在西北方，落入臥室

兌宅「座西朝東，座向文昌在西南」

西北	北	東北
西	中央	東
南	南	東南

文昌範例圖

正南

東南

西南

正東

正西

東北

西北

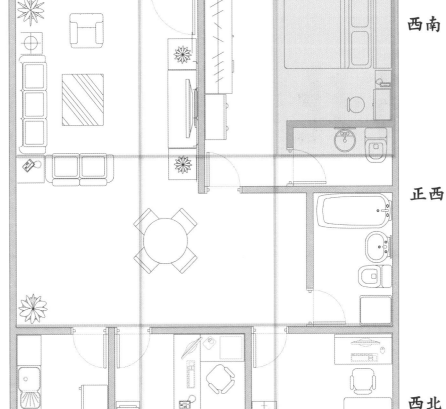

正北

兌宅，座西朝東，文昌位在西南方，落入主臥房

巽宅「座東南朝西北，座向文昌在東南」

西北	北	東北
西	中央	東
西南	南	

文昌範例圖

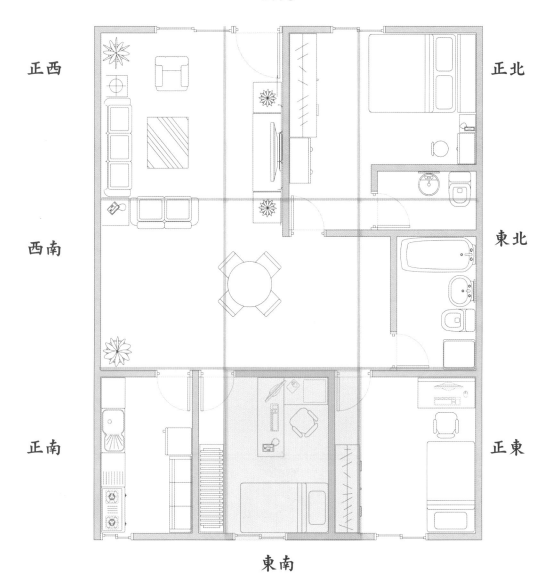

西北

正西

正北

西南

東北

正南

正東

東南

巽宅，座東南朝西北，文昌位在東南方，落入臥房

乾宅「座西北朝東南,座向文昌在正東」

西北	北	東北
西	中央	
西南	南	東南

文昌範例圖

西北

正西

正北

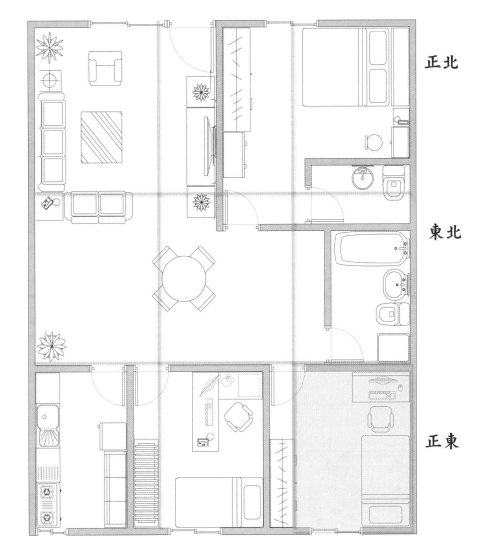

西南

東北

正南

正東

東南

乾宅，座西北朝東南，文昌位在正東方，落入臥房

坤宅 「座西南朝東北，座向文昌在正西」

西北	北	東北
	中央	東
西南	南	東南

文昌範例圖

西北

正西

正北

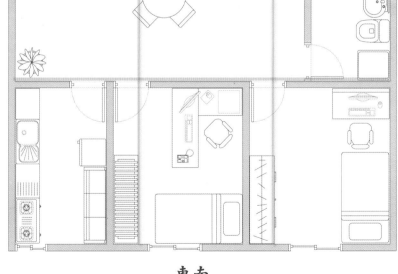

西南

東北

正南

正東

東南

坤宅，座西南朝東北，文昌位在正西方，落入客廳

艮宅「座東北朝西南，座向文昌在正北」

西北		東北
西	中央	東
西南	南	東南

文昌範例圖

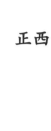

西北

正西　　　　　　　　　　　　　　　　　正北

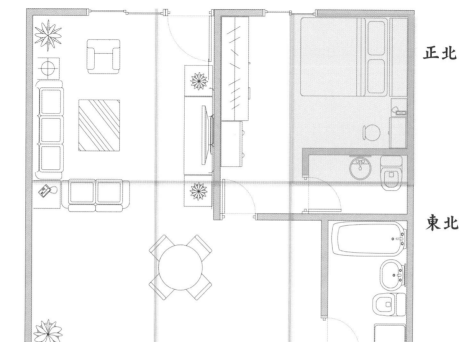

西南　　　　　　　　　　　　　　　　　東北

正南　　　　　　　　　　　　　　　　　正東

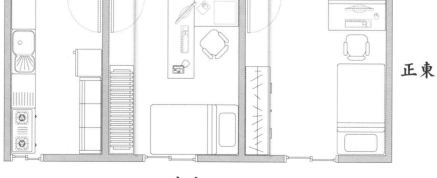

東南

艮宅，座東北朝西南，文昌位在正北方，落入主臥房

二、流年文昌位

流年文昌位是根據九宮飛星的理論而來，九宮飛星的理論認為代表居家不同運勢的九顆星，每一年會落在不同的方位上，因為位置的轉換是以「年」為單位，因此又被稱為「流年方位」。這九星各自代表著不同的意義，其中負責掌管考運的文昌位是為四綠星。

	東南	南	西南	
謝沅瑾命理研究中心	六白金	二黑土	四綠木	
東	五黃土	七赤金	九紫火	西
	一白水	三碧木	八白土	
	東北	北	西北	

以下簡介九星的種類與意義：

◎一白、貪狼星，主桃花文職：易遇桃花感情之姻緣情事，同時亦加強官運與財運。

◎二黑、巨門星，主身心病痛：外在病痛不斷，內在煩憂頻起，內外交攻永無寧日。

◎三碧、祿存星，主官非鬥爭：易遭官非訴訟纏身不休，或遇致使殘廢之病痛意外。

◎四綠、文昌星，主讀書考試：加強讀書效果，頭腦判斷能力，強化考運與升職運。

◎五黃、廉貞星，主災病凶煞：宜靜不宜動，貿然動土喪葬者必遭凶煞，非死即傷。

◎六白、武曲星，主軍警官運：使軍警職易獲拔擢，升遷快速順暢，最終威權震世。

◎七赤、破軍星，主盜賊破財：居家出外易遭盜賊，身邊亦有小人環伺，災禍不斷。

◎八白、左輔星，主富貴功名：富貴功名源源不絕，能化凶神為吉星，發財又添丁。

◎九紫、右弼星，主福祿喜事：能趨煞催貴，遇之必有喜事臨門，有情人終成眷屬。

九宮飛星流年方位圖　謝沅瑾命理研究中心 [瑾]

2004年、2013年、2022年…

東南	南	西南
四綠木	九紫火	二黑土
三碧木	五黃土	七赤金
八白土	一白水	六白金

東（左）　西（右）　東北　北　西北

2005年、2014年、2023年…

東南	南	西南
三碧木	八白土	一白水
二黑土	四綠木	六白金
七赤金	九紫火	五黃土

東　西　東北　北　西北

2006年、2015年、2024年…

東南	南	西南
二黑土	七赤金	九紫火
一白水	三碧木	五黃土
六白金	八白土	四綠木

東　西　東北　北　西北

2007年、2016年、2025年…

東南	南	西南
一白水	六白金	八白土
九紫火	二黑土	四綠木
五黃土	七赤金	三碧木

東　西　東北　北　西北

2008年、2017年、2026年…

東南	南	西南
九紫火	五黃土	七赤金
八白土	一白水	三碧木
四綠木	六白金	二黑土

東　西　東北　北　西北

2009年、2018年、2027年…

東南	南	西南
八白土	四綠木	六白金
七赤金	九紫火	二黑土
三碧木	五黃土	一白水

東　西　東北　北　西北

2010年、2019年、2028年…

東南	南	西南
七赤金	三碧木	五黃土
六白金	八白土	一白水
二黑土	四綠木	九紫火

東　西　東北　北　西北

2011年、2020年、2029年…

東南	南	西南
六白金	二黑土	四綠木
五黃土	七赤金	九紫火
一白水	三碧木	八白土

東　西　東北　北　西北

2012年、2021年、2030年…

東南	南	西南
五黃土	一白水	三碧木
四綠木	六白金	八白土
九紫火	二黑土	七赤金

東　西　東北　北　西北

四綠文昌流年方位圖　謝沅瑾命理研究中心 瑾

2004 年、2013 年、2022 年...

東南	南	西南
四綠木	九紫火	二黑土
三碧木	五黃土	七赤金
八白土	一白水	六白金

東（左） 西（右）
東北 北 西北

2005 年、2014 年、2023 年...

東南	南	西南
三碧木	八白土	一白水
二黑土	四綠木	六白金
七赤金	九紫火	五黃土

東 西
東北 北 西北

2006 年、2015 年、2024 年...

東南	南	西南
二黑土	七赤金	九紫火
一白水	三碧木	五黃土
六白金	八白土	四綠木

東 西
東北 北 西北

2007 年、2016 年、2025 年...

東南	南	西南
一白水	六白金	八白土
九紫火	二黑土	四綠木
五黃土	七赤金	三碧木

東 西
東北 北 西北

2008 年、2017 年、2026 年...

東南	南	西南
九紫火	五黃土	七赤金
八白土	一白水	三碧木
四綠木	六白金	二黑土

東 西
東北 北 西北

2009 年、2018 年、2027 年...

東南	南	西南
八白土	四綠木	六白金
七赤金	九紫火	二黑土
三碧木	五黃土	一白水

東 西
東北 北 西北

2010 年、2019 年、2028 年...

東南	南	西南
七赤金	三碧木	五黃土
六白金	八白土	一白水
二黑土	四綠木	九紫火

東 西
東北 北 西北

2011 年、2020 年、2029 年...

東南	南	西南
六白金	二黑土	四綠木
五黃土	七赤金	九紫火
一白水	三碧木	八白土

東 西
東北 北 西北

2012 年、2021 年、2030 年...

東南	南	西南
五黃土	一白水	三碧木
四綠木	六白金	八白土
九紫火	二黑土	七赤金

東 西
東北 北 西北

◎ 流年文昌的尋找

一、使用「羅盤」或者「指南針」，在室外先量出居家的正確位置，確認住家大門的正確方位。測量時要注意一定要在戶外，避免建築的鋼筋、電器用品等影響測量的結果。

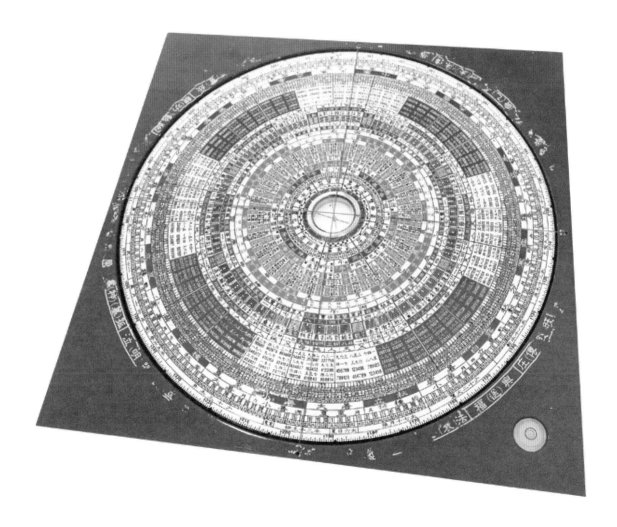

二、確定大門方位後，對照該年的「流年文昌表」找出文昌位。例：2012年四綠文昌位在正東方。

西北	北	東北
西	中央	
西南	南	東南

三、將自己住家的平面圖，區分成九等分，窗台與陽台等不屬於室內空間，不算在內。

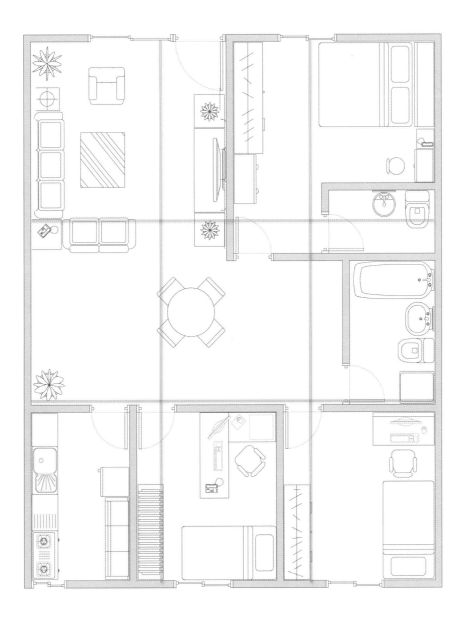

四、從大門的位置開始，依序標出每一格的方位。

正南

東南

西南

正東

正西

東北

西北

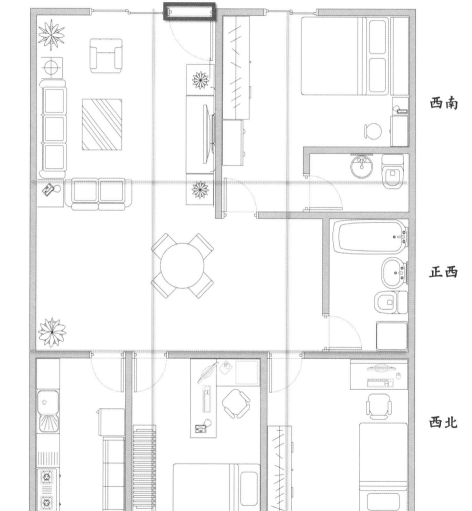

正北

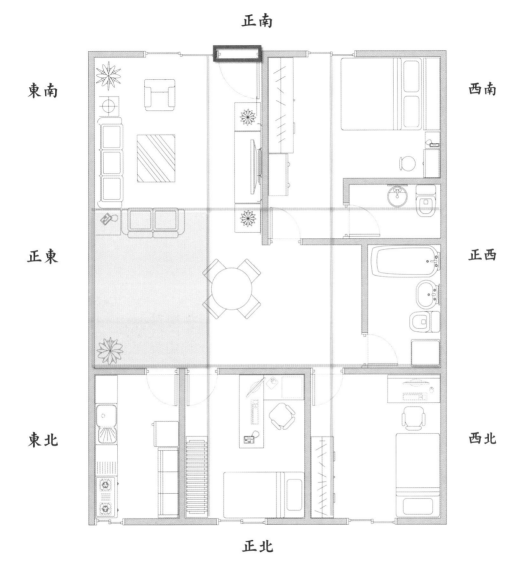

東南

西南

正東

正西

東北

西北

正北

五、對照步驟二所找到的文昌位方位，即可找出「流年文昌位」的所在。

第三章 文昌位的維護

當找出住家中的文昌位之後，最重要的就是文昌位的應用與維護，從風水上的角度來說，文昌位就像一座基地台，能匯聚所有與文昌有關的氣場，並且持續散發影響。文昌位不管有沒有運用，都以**整齊乾淨**為最重要原則，如此才能讓好的氣場發揮百分之百的效益。

一、最佳的文昌位運用

早期臺灣社會多數人家裡很貧困，住宅狹小不如今天有書桌、有書房可以供小孩讀書，當時一般的孩子都在餐桌讀書，但我們經常發現這些窮苦的孩子，依然能夠成績優秀，考上最高學府，甚至最後位居要職。除了努力用功之外，其中的奧妙就在**文昌的位置**。

房子裡有好的文昌位且運用得當，在讀書、考試方面都比較容易獲得好成績。即使讀書的環境沒有很良好、舒適，但效果並不打折。反過來說，如果文昌的位置不好，甚至沒有文昌位，那麼不管布置得多麼適合念書，在讀書或考試上還是必須比別人多付出好幾倍努力，才能獲得相同的成績。

▲早期社會家庭普遍窮困，孩子們多半在餐桌讀書，但若是文昌正巧落在此處，仍能有好表現。

在找到居家文昌位之後，文昌位的運用也相當重要。如果文昌位落在臥房裡，相對來說是最好的位置，因為文昌位最好的運用方式就是**擺床**。風水上認為，在好的氣場裡停留的時間越久，則能夠受到的影響就越大。以正常的情況來說，一個人睡覺的時間通常會多於念書的時間，因此在文昌位上擺床所獲得的效益會大於擺放書桌。如果文昌位落的位置不適合擺床，第二好的文昌風水就是**擺放書桌**。

而如果文昌位不是落在考生的房間，而是別人的房間甚至是公共區域，最好盡量讓要準備考試的人在文昌位上讀書，不管是否能夠擺放書桌，一天至少有一段時間在那個位置上用功，並且保持該位置的乾淨，即可藉由文昌的影響帶來好的成績。

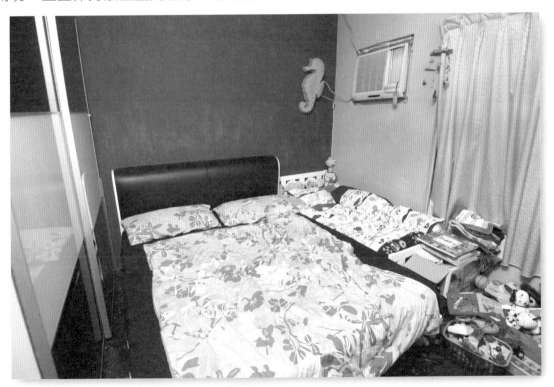

▲人一天的睡眠時間多半比讀書來得長，因此文昌位最佳的運用方法就是擺床，在此睡覺。

二、文昌位的強化

希望考試能有好成績，讀書能有好發展，或者加強自己在邏輯思考上的順暢，除了平時多努力之外，也可以透過催旺文昌位的氣場，來幫助自己事半功倍。

◎擺放文昌筆

古人在文昌位的布置上原本是「筆墨紙硯」文房四寶四樣齊全，象徵文昌俱齊，文思泉湧。時至今日，書寫的工具已經大為改變，不再使用墨硯，因此最具代表性的毛筆，就成為文昌的代名詞。

所謂的文昌筆指的是由大楷到小楷四種尺寸的胎毛筆，經過點硃砂，上書「梓潼星君」的名號，透過過香火的儀式，象徵有文昌帝君的加持，懸掛在四方形的筆架上擺放在文昌位，或者懸掛在文昌位上的牆壁，等同於文昌坐鎮於此。民俗上認為，這樣加乘的效果不僅可以為考運加分，讀起書來也比較容易集中精神，讀進去的知識更容易融會貫通，考試的時候便會有神來之筆，表現不凡。

▲四支毛筆，掛在四方筆架上，擺放在四綠文昌位上，是標準的文昌筆擺放法。

◎ 點文昌燈

點燈，是民間最熟知的祈福方式。每逢新春許多民眾都會爭相前往各大寺廟點一盞光明燈、平安燈，祈求這一年平安順遂。燈能綻放光明，經常也被用來代表祈福、照亮運途之意。

在文昌位上點燈，不管是擺放一盞桌燈、甚至是小夜燈，只要能夠讓整個位置保持明亮，一天至少照射八小時以上，就有一定催旺文昌的效果。

▲古人在文昌位上點油燈，照亮文昌位，催旺文昌運。

▲廟裡點文昌燈，是祈求好考運的方式之一。

◎文昌符

符錄在傳統上是道教所使用的一種法術。透過有修為的法師，在齋戒、沐浴、靜心之後一氣呵成所寫下的符令，帶有一定的法力。符的功能因為種類的不同而有所不同，文昌符上書文昌帝君以及祈求考運的字句，主要是透過符令的力量召請文昌帝君來座鎮、加持。民間認為將文昌符擺放在文昌位上，也可以藉由符令的力量催動文昌位的靈動力，讓文昌的效果達到最大。

▲某些文昌廟中也提供文昌符，考生可以自廟中求回後，擺放在文昌位上就能催動文昌運。

◎擺放紫水晶

水晶是一種帶有能量的寶石,每個不同顏色的水晶形成的過程不同,所帶有的磁場也不太一樣。

紫水晶在傳統上被認為具有開智慧、釐清思路、強化辨別的功能,擺放在座位後方,有穩定氣場的效果。在文昌位上擺放紫水晶,不管是球形或者晶洞,對於文昌能量的匯聚與催動都能達到一定的效果。

只是晶洞以外的紫水晶在使用前都一定要經過消磁的手續,才能確保紫水晶能發揮最大的功效。

▲文昌位上擺紫水晶,能匯聚並催動文昌運。

◎魁星踢斗圖

魁星，是傳統上的五文昌之一，自古以來即是士人最崇敬的神明之一。相傳魁斗星君相貌奇特，手執毛筆，左腳後踢呈踢斗狀，即為「魁星踢斗」。

古代準備科考的讀書人，通常會在自己的座位上懸掛一幅魁星踢斗圖，用以祈求魁星的保佑。一般讀書人所懸掛的魁星踢斗圖是由魁星的形象加上「克己、復禮、正心、修身」等八個字來變化成圖，除了祈求魁星的保佑之外，也有著讀書人對自我的規範與期許的含意。

民間認為，將魁星踢斗圖懸掛在文昌位上，能透過魁星君的保佑，催動文昌位的能量，給讀書人帶來耳聰目明、思路靈活的好運道。

▲魁星踢斗圖整體是根據魁星的形象所繪製。

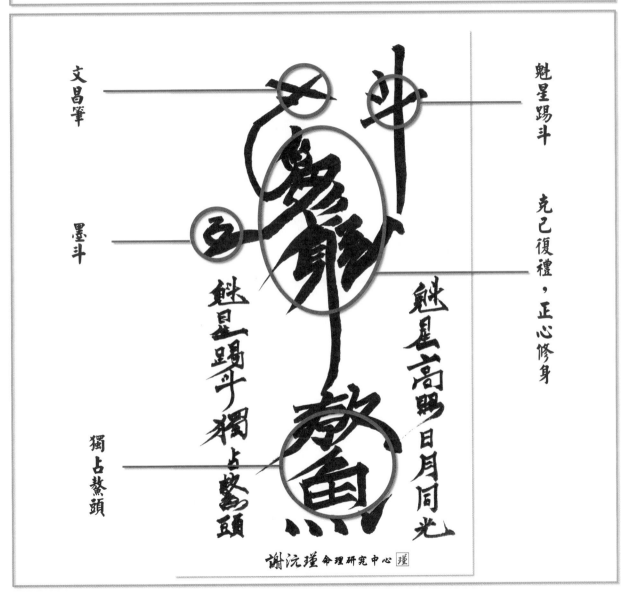

文昌筆

墨斗

獨占鰲頭

魁星踢斗

克己復禮，正心修身

魁星踢斗獨占鰲頭

魁星高照日月同光

謝沅瑾命理研究中心 謹

三、不佳的文昌方位

風 水上有幾種文昌的落點對於文昌運勢來說比較不理想，不僅無法用來催動文昌運，更有可能會影響到讀書運、考運，甚至連家人的思考邏輯都會受到影響，不得不慎。

◎文昌落在廁所

文 昌位如果落在廁所，由於廁所是排放穢物的地方，因此又稱做「污穢文昌」。

試想文昌運在廁所穢氣的包圍下，如何能有好的發揮？而這樣的情形帶來最大的影響是：住在這個屋宅裡的人的分析、判斷、邏輯思考與記憶力會很差。

舉個例子來說，同樣一件事情，別人可能在簡單的解說之後，便能夠清楚理解，但家裡有污穢文昌風水的人，則不管講幾遍，或者用各種不同方式來說明，都很難理解，這樣的狀況不僅會造成學習、考試上容易表現不佳，在待人處事、事業發展上也容易遇到障礙。

▲文昌位落在廁所，稱為污穢文昌。

另外有一種情形，如果家中的文昌落在廁所，但家裡有好學之人，那麼廁所就會成為其讀書的地方，如某些人會在廁所裡擺很多書籍或報章雜誌即是。

因為在廁所的位置上最容易讀得下書，也最容易吸收與瞭解。但畢竟正規的功課也無法在廁所內準備，對於課業的幫助也有限。

⊙ 破解

遇到污穢文昌的情形，雖然文昌位已經無法運用，但最重要的是要讓廁所裡的穢氣所帶來的影響減到最低。一般建議使用「土種黃金葛」加上「投射燈」，一天至少照射八小時以上，以去除穢氣與濕氣。

另外，使用木炭加上粗鹽，擺放在廁所比較不容易淋濕的角落，對於穢氣的去除也有一定的功效。

▲土種黃金葛加投射燈，可以去除廁所穢氣，降低污穢文昌帶來的影響。

◎文昌落在廚房

文昌位落在廚房，一般來說如果居家的廚房很大，大到可以擺放桌椅，則可以每天讓小孩在這個位置上讀書，還是可以收到文昌的好影響。但如果廚房的位置太小無法在此閱讀，則文昌位對於考生或者正在求學的人而言，能發揮的功效便很有限。反而是經常使用該空間的人，例如每天在廚房做飯的媽媽，就能受到文昌最多的加持，會成為家中理解力最強、思路最靈活的人。其實不只是廚房，如果文昌位落在公共的區域，最常使用的人也會吸收到比較多正面的影響。

▲文昌落在廚房，則經常在廚房作菜的媽媽，受到文昌運的加持最多。

⊙ 破解

文昌位如果落在廚房，在空間許可的範圍內可以盡量讓考生或者求學者在此念書，像早期許多小朋友就是吃完飯後，桌子擦一擦，便在餐桌上做功課、念書。但如果空間太小沒辦法調整，則可以在廚房點燈，即使不開大燈時，點盞小夜燈也可以。經常開著廚房的燈，類似點文昌燈的意思，透過燈光照亮文昌位，提高文昌位的能量。

▲文昌落在廚房，如果空間太小沒辦法調整，可以在廚房點燈，照亮文昌運。

◎文昌落在缺角

最嚴重的不良文昌位就是位在缺角上,也就是文昌位照比例上來講大多落到外面去,屋內缺乏可使用的文昌位。文昌位落在缺角對於家人的思路、理解以及學習都會產生很大的影響。所以如果文昌位落在缺角上,則會用流年文昌位來補不足之處,一旦流年文昌位也落在缺角上或落在廁所的年份,則必須要出外求文昌,像是到圖書館、同學家等其他地方去讀書,效果相對上來說反而比較好。

⊙破解

文昌位落在缺角上,最好的化解方法是找出流年文昌或個人文昌位來補足,否則只好外出求文昌,也就是去外面讀書。另外也可以使用三十六枚五帝錢黏貼在缺角處,彌補氣場,盡量降低沒有文昌位的影響。

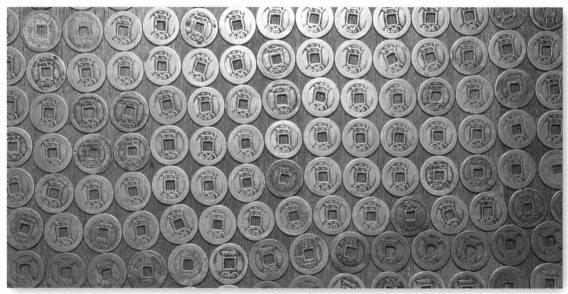

▲五帝錢因帶有帝王旺氣,能夠彌補缺角所喪失的地氣,降低缺角的影響。

◎文昌懸空

懸 空的狀態比較容易出現在集合式住宅中，現在有許多人為了擴大室內的空間，會將陽台外推成為室內空間的一部分，或者房子局部或全部形成懸空狀態。當文昌位正好落在懸空的這個位置上時，就會形成文昌位懸空的問題，文昌如果落在懸空的位置，即容易產生錯誤的判斷和決定，再聰明的人如果判斷經常出錯，等同沒有文昌位的加持，跟缺角產生的影響一樣。

⊙破解

文昌位如果懸空，最好的化解方法是找出流年文昌或個人文昌位來補足，否則只好外出求文昌，也就是去外面讀書。另外也可以使用三十六枚五帝錢黏貼在缺角處，彌補氣場，盡量降低沒有文昌位的影響。

▲如果家中文昌位懸空，就要外出求文昌，像是留在學校或圖書館讀書為佳。

第四章　強化考運的書房擺設

一旦開始準備考試，除了改善與強化家裡的居家文昌位之外，讀書環境的布置也是非常重要的一環。書桌是考生最重要的基地，擺放的方式直接影響到考生是否能夠靜心念書？是否能夠有效率的吸收書裡的知識。有許多考生平常表現很好，但真正上了考場以後卻總是失誤連連，表現失常。有什麼方法可以幫助考生穩定軍心，在考場上能展現出最好的表現？本章將教你從準備考試的那一刻開始，打好基礎，一直到上考場，能有最佳表現的好方法。當然還要加上平常努力用功的準備，才有可能達到金榜題名的好結果！

一、幫助靜心的書桌擺放法

◎成人座位要面門，背後要有靠

已經出社會的成人，座位擺設重點是**背後必須有靠**，也就是要有實牆，面對門口而坐。這樣的位置因為背後有靠，又面對門口能夠掌握房間裡的動靜，所以會產生安心感，能夠坐得穩，也比較能夠專心致志。

如果無法調整出座位有靠的狀態，那麼在座位後方左右兩邊擺放水晶柱、水晶洞，形成環抱的氣場，或者在座位底下貼上一串五帝錢，也能達到提高座位穩定度，有助提升讀書的效率。

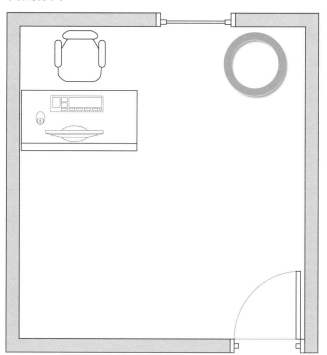

▲成人的書桌擺設，背後要有實牆，面對門口而坐，又以進門以後四十五度角的地方為佳，座位以左手邊進出，是最理想的書桌擺設。

◎小孩座位要面壁，背後無靠

在求學階段，生活上還依附著父母的考生，書桌擺設最大的原則是**面牆**。一方面，面牆的位置受到的干擾比較小，如果是面窗或面門，容易因為外界的物品移動、光線或聲音的影響而分心。

另外，小朋友玩心重，如果書桌的位置跟成人一樣背後是實牆，他對於房間裡的狀況、誰開門進來等等都能掌握得一清二楚，這時父母要掌握他讀書的真實狀況就會比較困難。且個性發展上容易產生少年老成的狀況、做事油條，對父母而言就比較不容易管教。

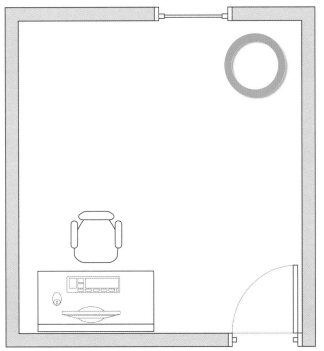

▲小孩的書桌擺設，重點要面牆而坐，背後無靠，座位以左手邊進出，是最理想的書桌擺設。

二、書桌擺放的五大禁忌

◎忌對到動線

動線包括走道與門。書桌的背面、正面、側面都不宜對到動線。如果背後是動線的話，很多人走來走去，坐的人容易感覺不安穩，在位置上坐不住。如果座位的側面是動線，人來人往，很容易分心，讀書老是坐不住。化解的方式是調整書桌的位置，避開動線。如果位置正面是走道或者門，則會有室內小型路沖的問題。需要懸掛六帝錢來化解。

另外，現代有些書房設計，喜歡做整面牆寬的書桌，這類的書桌不管坐的位置有沒有對到動線，只要書桌範圍有對到動線都會產生影響。這時最好修改書桌樣式，避開動線。

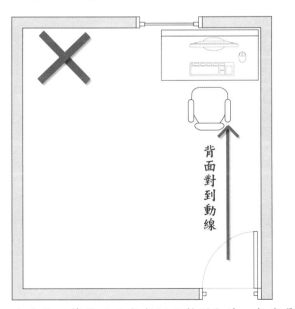

背面對到動線

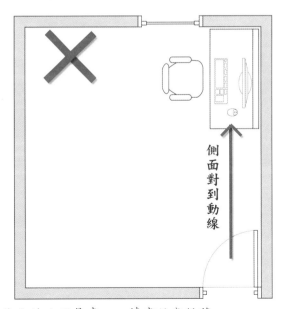

側面對到動線

▲座位不管是正面或者側面對到動線，都容易造成座位上的人不易專心，讀書效率低落。

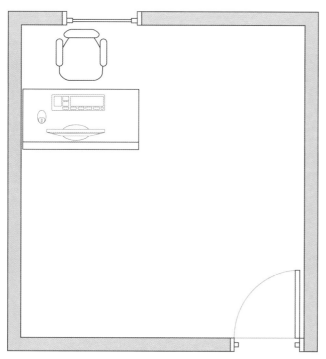

◎忌背後是落地窗

如果座位背後是窗戶，最大的問題是光線產生陰影或者光線太強對閱讀產生影響，這時只要把窗戶用厚重不透光的窗簾遮起來即可。

但如果座位背後是落地窗，則形同背後有個門，就等同於背後有動線的狀況，會造成坐在位置上的人不安穩，這時就不能只用窗簾遮擋，必須更換書桌的位置，才能改善。

▲座位背後如果是窗戶，可以用窗簾遮擋即可。但如果是大片落地窗，則必須更換書桌位置才能改善。

風水文昌篇

◎忌對到鏡子

書桌的前後左右最好都不要有鏡子，書桌正面有鏡子，喜歡照鏡子的人可能讀不到幾分鐘，就會抬起頭來照一照鏡子。如果很認真讀書時，不小心抬頭，也有可能被鏡中的影像嚇到。

如果座位的左右兩邊被鏡子對到，因為人的視覺角度大約可以看到一百八十度以內的影像，容易受到左右兩邊鏡子裡影像移動的干擾，因而分心。座位後方有鏡子則形同後方是動線，坐得不安穩，讀書效率自然就會降低。

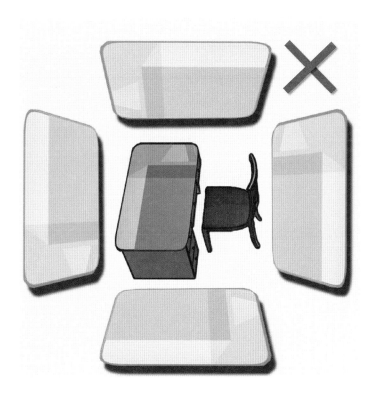

▲書房裡有過多的鏡子，容易產生不安全感，在房裡無法安穩念書。

◎忌座位在樑下

書桌擺放的位置要避開有樑的地方,一般來說,如果座位上方有樑通過,對於坐在位置上的人來說,會形成一種無形的壓力,在這個位置上做任何事情,都會有種困難重重、心中有大石壓住,喘不過氣來的感覺,讀書時壓力倍增,也不容易在座位上久坐,對於讀書效率有極大的影響。

最好的化解方式就是調整座位,避開樑的位置。如果房間過於狹小無法移動,則可以在樑上懸掛兩隻麒麟踩八卦,亦可達到化解目的。

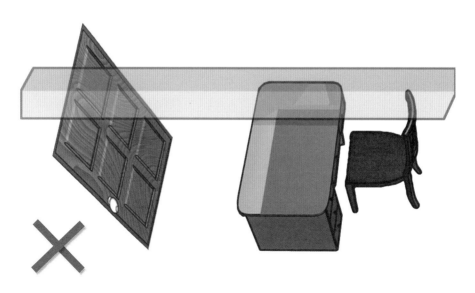

▲座位在樑下會產生無形的壓力,坐在樑下方的人無法定心讀書,最好調整書桌的位置,避開樑的影響。

◎忌座位懸空

現代由於空間不足，特別是都市裡寸金寸土，房屋多半狹小，為了增加室內空間，很多人會選擇將陽台、窗台往外推，陽台或者窗台往外推之後的空間，由於並非原本的室內空間，形成懸空的情形。風水上認為，懸空的狀況容易讓人產生不安穩的感覺，如果在這個地方放置書桌，在這個位置上讀書的人也會因為不安穩的感覺而無法安心讀書，讀書的效果容易事倍功半。

化解的方式，是將座位移開懸空處，盡量擺設在室內範圍裡，以避開懸空所造成的不良影響。

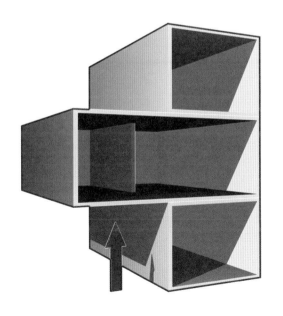
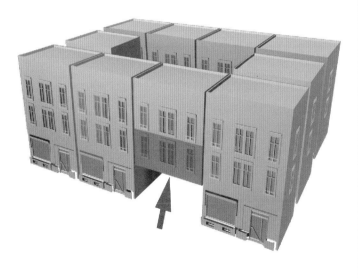

▲不論是陽台外推或者抬轎屋所造成的懸空處，都不適合擺放書桌作為準備考試的地方。

三、書桌桌面擺設法

◎最高原則：乾淨

書桌的桌面擺設，最重要的原則就是乾淨。雜物太多的桌面，容易讓人思緒紊亂，也可能造成分心。讀書時，桌面除了書本、紙筆，盡量不要有其他的物品，特別是刀片等尖銳物品都應該收進抽屜，以免利刃剪斷好考運。

如果桌面要疊放書本、文件夾等，則應該擺放在右手邊，以使用面來說，會比較順暢。

▲書桌桌面的擺設，以乾淨為最大原則。

◎座位周邊不可擺放垃圾桶

書桌以及座位的範圍內，都不可以擺放垃圾桶。以風水的角度來說，如果書桌放在文昌位上，又擺放垃圾桶，等於把文昌位給弄髒，形成污穢文昌，不利考運。

從現實面來看，如果座位周邊擺放垃圾桶，就會造成丟東西的習慣，進而造成分心。如果垃圾桶有味道，干擾就會更大。

▲座位周邊不要擺放垃圾桶，對於文昌運會有不好的影響，也容易分心。

◎家電用品盡量不上桌

書桌最重要的原則是避免聲音與影像的干擾。因此,家庭用品都不適合擺在書桌上,一方面也是由於這些用品會產生電磁波或者聲音的干擾。

另外,小孩書房最好不要擺放電腦,不僅父母很難掌握電腦的使用情形,也會改變小孩的作息習慣,對親子間的互動也會有影響。如果需要使用電腦,建議最好是採用公用的方式,統一在固定的地方使用,書房則盡量以靜心讀書為主。

▲小孩的書房裡最好不要有獨立電腦,家電與電話等也盡量不要擺在書桌上。

◎綠色植物少量為宜

許多人喜歡在書桌上擺放植物,但室內擺放植物以少量為宜,避免燈光不足的時候植物不會行光合作用,反而會吐出二氧化碳,導致空氣不佳,造成精神不濟、昏昏欲睡。另外也要注意,有根鬚的植物,像是萬年青、幸運竹等要定期修剪,以免造成家人口角的問題。

此外,有人喜歡在桌上放置小魚缸養魚,但書桌上不適合擺放魚缸,因為魚在魚缸裡移動,也會產生干擾,造成分心。

▲書桌上擺放魚缸,容易產生干擾。

民俗文昌篇

第五章　神明加持好考運

第六章　增強考運怎麼拜？

第七章　選對志願，事半功倍

第五章 神明加持好考運

一、掌管考運的神明

傳統信仰中，掌管考運的神明最為人所熟知的便是文昌帝君。每逢考季，準備應試的考生便會紛紛湧進供奉文昌帝君的廟宇。除了文昌帝君之外，傳統上還有其他四位同樣掌管考運的神明，分別為文衡帝君、魁斗星君、朱衣星君與孚佑帝君，一般也將這四位與文昌帝君並稱為五文昌。

另外，至聖先師孔子也是讀書人崇敬的對象，孔子誕辰日許多考生會來到孔廟，在祭孔大典結束後參加拔智慧毛活動，一般認為智慧毛可以幫助增加考運、開智慧。傳統上主要是拔祭祀用的牛隻耳朵上的毛，有執牛耳之意。現今多半以其他的方式如毛筆、智慧糕來取代。孔廟或者文廟平日沒有祭祀活動，僅在特定的日期才會有祭祀的典禮。

▲孔廟也是讀書人求考運的地方。

五文昌

民間考生與讀書人崇拜的五文昌，由上至下，由左至右，分別為文昌帝君、文魁夫子（魁斗星君）、文衡夫子（關聖帝君）、孚佑帝君與朱衣星君（紫陽夫子）。

文昌帝君是讀書人的守護神，也是所有求學中的學子與準備各項考試的人們祈求的對象。關於文昌帝君的來源，歷來有許多不同的說法。

星宿信仰

文昌信仰最早源自星宿信仰，所謂的文昌指的是由六顆星所組成的星宿。《靈台秘苑》云：「文昌距西北星去極三十四度半入柳二度半。」以今日的星座劃分來說，位於大熊星座中。

《史記》中記載：「斗魁戴匡六星，日文昌宮。」古代天文星象詩〈步天歌〉中也記載著：「階前六數是文昌」，可知文昌星是由六顆星組成，這六星分別是：上將、次將、貴相、司命、司中、司祿。

文昌位置圖

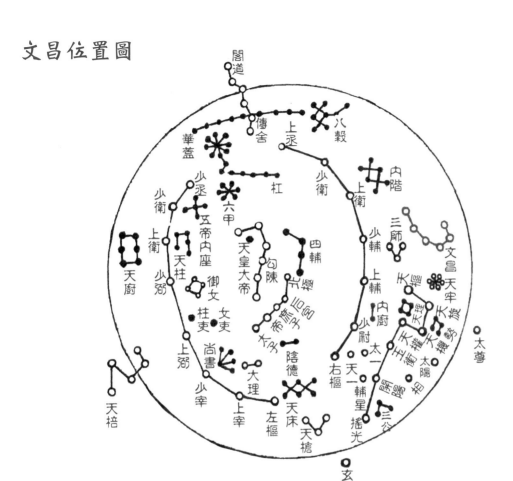

▲紫微垣是古代天文分類的三垣之一，位在北天中央，以北極星為中心，文昌也落於此垣中。
（本圖根據《靈台秘苑》中之星圖重繪）

古人認為這六星掌管了人間的文運官祿，也影響著國家的運勢，因此《靈台秘苑》亦
云：「星明澤大小齊則國瑞臻，光色黃潤天下安萬物善，青黑微細則多所殘害，動搖移
徙則三公黜，不然后有憂。」

文昌星自古以來即為讀書人崇拜的對象，民間也認為一個人若是文采很高、官運亨通，多半是天上的文昌星君來轉世。

人神信仰

文昌帝君又稱為梓潼帝君或者梓潼夫子這與另一則傳說有關。有一說文昌帝君是四川人，名字叫做張亞子，居住在四川梓潼七曲山。後參戰不幸戰死，人們感戴他的貢獻，於是立祠祭祀。又因為曾經在戰事發生時，在戰場上顯靈，唐宋時被封為濟順王、英顯王，被視為能保佑戰事順利的神明。

科舉盛行之後，梓潼地區的文人祭拜祂都非常靈驗，順利取得功名，便成為士子之間爭相膜拜的對象。梓潼信仰漸漸從四川地區開始廣為流傳，到明清時期各地都有文昌廟的建立，文昌帝君被視為是掌管考運與人間祿籍的神明。

▲文房四寶是古代士人的代表。

二月三日祭文昌

農曆二月三日是文昌帝君的誕辰,明清時期文昌信仰很興盛,不只有專祀的廟宇,私塾或者文社等也都會供奉文昌帝君。

清朝時期,每逢農曆二月三日誕辰這天,官方還會舉行盛大的祭典,祭祀的方法跟祭孔的文廟一樣,也有禮樂、俏舞,可見受到重視的程度。一般祭拜文昌的文昌祠,在文昌帝君的身邊多半會配祀有印童與書童,印童

手持印章代表官運,書童手持筆墨代表文采。

另外,有的文昌廟也供奉有「祿馬」,民間又稱為「祿馬神」,是文昌帝君的坐騎。一般認為祿馬也象徵官運,祿馬快跑,官運便能越加亨通。

文魁夫子

民間一般尊稱魁斗星君為「魁星爺」或者「文魁夫子」，相傳魁斗星君相貌奇特，手執毛筆，左腳後踢呈踢斗狀，即為「魁星踢斗」。

北斗之斗為魁星

魁星也是古代的星宿名，指的是北斗七星中，第一至第四顆星組成的斗形，也就是「天樞、天璇、天機、天權」四顆星，合稱斗魁或魁星。在早期的文獻中，魁星僅指星宿名，並沒有被賦予掌管文運的說法，至於何時開始受到文人的崇敬，則不可考。但在宋朝以後，科舉制度逐漸興盛，魁星信仰便逐漸流傳開來，也成為學校裡祭祀的對象，建造魁星樓或者魁星閣來供奉祂。

民間另有一說，認為魁星君是個麻臉又跛腳，但有著好文采的士子。在科舉考試中，屢屢過關斬將，直到殿試這關，要親

魁星位置圖

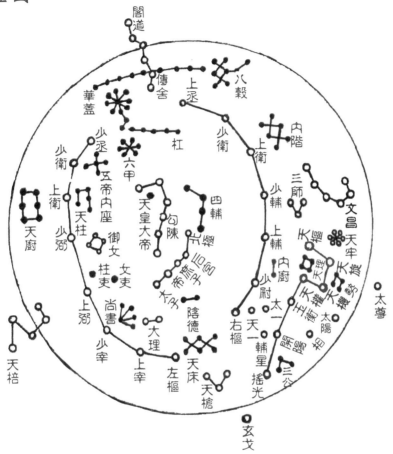

▲魁星是古代星宿名，一般指北斗七星第一到第四顆星（上圖標紅者）所組成的斗形。

（本圖根據《靈台秘苑》中之星圖重繪）

自上殿接受皇帝的面試。皇帝一看到魁星君這樣奇特的容貌，還有瘸著腿走路的模樣，不禁問他這副模樣是怎麼回事？只見魁星君從容的回答：「麻面映天象，一腳躍龍門。」皇帝聽到他這樣的妙答，龍心大悅，又見了他過人的文采，因而欽點他為狀元。

腳踢斗，占鰲頭

魁星的造型不同於一般的神明造像，整體形象可說是脫胎自「魁」這個字的字型。最常見的魁星像，通常有著猙獰的面目、嘴上有獠牙、頭上有角，類似傳統中鬼之造型。右手握著一隻筆，左手拿著一個墨斗，右腳踩著鰲頭，左腳後踢，腳上為北斗，即為「魁星踢斗，獨占鰲頭」的由來。

魁星受到士子的普遍膜拜，明朝文人陸容在隨筆中記載著這樣的一個親身經歷的故事：明英宗天順癸未年間，陸容正在準備參加當年的會試，一天心血來潮，提筆畫了一張魁星圖，並且提字：「天門之下，有鬼踢斗，癸未之魁，筆碇入手。」貼在牆壁上，某天不知何故竟然不見了。

當時有個叫做陸鼎儀的人住在陸容的朋友家中。有一天，陸容造訪那位朋友時，陸鼎儀竟拿出了陸容所畫的魁星圖給大家欣賞。陸容覺得很奇怪，卻也不動聲色的問他這幅畫是從哪裡來的？陸鼎儀告訴他：「昨天在門口，我拿果子跟一個小孩換來的。」陸容聽了，心裡突然有種不祥的預兆，覺得這暗示著他跟陸鼎儀兩人這次會試的結果。沒多久會試放榜。陸鼎儀果真高中，而陸容在這次考試中則名落孫山。

▲魁星的整體形象可說是脫胎自「魁」這個字。

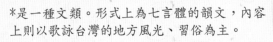 七月七日祭魁星

農曆七月七日不僅是七夕，這天同時也是讀書人守護神魁星君的生日。根據文獻記載，清朝時期在七夕這天，會由私塾的老師帶著學生祭拜魁星君，以祈求考運與功名。祭拜完畢之後，會舉行「魁星宴」，讀書人在這天歡樂暢飲。

古時祭魁星有一項非常特殊的祭品，那就是「狗頭」。讀書人在七夕這天殺狗，以狗頭來祭拜魁星君。〈臺灣竹枝詞〉*中便描寫到：「家家殺狗祭魁星。」至於為何以狗頭來祭魁星，則已經不可考。這項習俗也隨著科舉制度的取消而消失了。

*是一種文類。形式上為七言體的韻文，內容上則以歌詠台灣的地方風光、習俗為主。

▲魁星旁的配祀手持筆墨，同為「鬼」的形象。

文衡帝君

文衡帝君即為三國名將關雲長，但民間多稱之為「關聖帝君」。民間傳說關雲長不但武藝超群，同時也學問淵博，史書謂：「山東一人作春秋，山西一人讀春秋。」指的即是關公「夜讀春秋」的故事。

忠肝義膽

關公，名羽，字雲長。少年時期的關公出身並不高，但卻非常有正義感，嫉惡如仇，經常路見不平就行俠仗義。關公在涿郡（今河北涿縣）認識了劉備與張飛，三人志向相同十分投緣，於是便義結金蘭，約定「不求同年同月同日生，但願同年同月同日死。」這便是史上著名的桃園三結義。後來三人集結許多人馬，開始四處征戰的生活。

民間傳說關公身高九尺六寸、鬚長一尺六寸，面色為深棗色、丹鳳眼、臥蠶眉，正氣凜然的氣質與其忠義之氣慨正好互為表裡，文人為詩稱讚他是「精忠沖日月，義氣貫乾坤，面赤心尤赤，鬚長義更長。」

夜讀春秋

關公不僅受到軍民愛戴，就連敵對陣營的曹操也對他十分賞識。一回，劉軍與曹軍戰於下邳，關公為了保護兩位嫂嫂只得迫降曹操。

曹操很賞識關公的為人，非常禮遇他。不僅賞賜給他許多珍寶、良駒赤兔馬，見他的戰袍舊了便賞給他新的戰袍。關公便將新戰袍穿於舊袍之下，曹操問他原由，關公說這舊的戰袍是劉備給他的，看到戰袍就像是看到兄長一樣，他不能有了新戰袍，就忘了兄長之恩。

曹操雖對關公十分欣賞，但卻也經常用計要擾亂與測試他的忠義。因此他將關公與兩位嫂子安排在同一宅邸中，並派遣許多美女前去服侍。關公不為所動，將美女都送去服侍嫂嫂，自己一人在屋外讀春秋，一夜無眠。這就是史上有名的「夜讀春秋」。

▲關公為三國知名戰將，又被尊稱為武聖，各地武廟的主祀即為關公。

關公雖是驍勇善戰的武將，但是他飽讀詩書，明瞭聖人之理。最喜歡的經典是《春秋》，並且以「聲禁重、色禁重、衣禁重、香禁重、味禁重、室禁重」鞭策自己，不要沉迷於靡靡之音，不能好色縱淫，衣著打扮都不能太過講究，飲食盡量簡單，居住的地方寢宅不能太奢華。

嚴謹的生活態度，高風亮節之人格特質，為後人所崇敬。因此也被讀書人視為崇敬的對象之一。

▲關公允文允武，夜讀春秋，嚴以律己，受到讀書人的愛戴。圖為北臺灣關聖帝君信仰中心行天宮。

多種行業的守護神

關公除了因為飽讀詩書，被讀書人視為五文昌之一，同時也是許多行業的守護神。最為人所知的是商業守護神，主要是因為關公年輕的時候曾經經商，並且發明簿記。而且關公所持的青龍偃月刀，十分鋒「利」，象徵做生意可以得「利」。又因為關公重然諾、講信義，因此被做生意的人奉為守護神。

關公是一個勇猛的武將，歷代都尊為武聖，建武廟祭祀。當役男要去服役時，也多會到關帝廟求香火護身。另外，民間認為如果掉了東西，只要求助關公身旁配祀的赤兔馬與馬使爺，通常都能夠順利找回。

▲民間認為關聖地君的配祀——馬使爺與赤兔馬，是尋找失物的高手。

朱衣星君

關於朱衣星君的由來民間有兩種說法，一種說法認為朱衣指的是穿紅衣服之人，據說朱衣人能夠評斷文章的好壞。

另一種說法認為朱衣星君乃是文學家朱熹的音轉，因為朱熹是歷史上最具知名的思想家與教育家之一，受到士子的崇拜。

朱衣點頭為好文

魁朱衣星君又稱為朱衣夫子、朱衣神君，民間相傳朱衣星君並非特定的某位神明，而是指稱穿著朱衣，能評斷文章好壞的人。這個信仰的起源，相傳與宋代大儒歐陽修有關。

據說某次歐陽修主持科舉，負責批閱考生的試卷，在批閱的過程中隱約感覺有一個穿著紅衣服的人站在身後，彷彿跟著他一起閱卷。凡是朱衣人點頭的文章，歐陽修

▲寫得一手好文章是古代讀書人最重要的事，而書院則是讀書人受教育的地方。圖為清朝時期臺北學海書院舊址，現為高氏大宗祠。

仔細一看確實都是好文章。歐陽修於是有感而發的說：「文章自古無憑據，惟願朱衣暗點頭。」因為這段事績，朱衣星君成為士人爭相崇拜，祈求能夠寫出好文章的神明。

▲民間另有說法認為朱衣星君與紫陽夫子為同一人，指的是宋代大儒朱熹。

朱熹音轉為朱衣

關於朱衣星君的由來，另一個說法為朱衣星君即是宋代大儒朱熹。朱熹一生致力於儒學的推廣與教育，興辦書院、四處講學，發揚儒家思想之「格物、致知、誠意、正心、修身、齊家、治國、平天下」的思想，又將《論語》、《孟子》以及《禮記》一書中的〈大學〉、〈中庸〉，合訂為「四書」。大大影響了中國儒學的發展，並在日後成為科舉取士的主要讀本。

明清之後科舉更盛，朱熹也成為士人之間崇敬的對象，因而有人認為朱衣其實是朱熹的音轉，朱衣星君指的就是朱熹。由於朱熹的父親以「紫陽」命名其書房，朱熹也承襲之，因而被稱為「紫陽先生」，其學派為「紫陽學派」。有些地區的五文昌也乾脆直接以紫陽夫子取代朱衣星君。

科舉考試的題庫

科舉考試是一個有一千多年歷史的取才制度。對於中國的社會、政治，乃至生活各方面都產生了非常巨大的影響。

每個朝代科舉制度考試的科目都不一樣，元代以後朱熹所整理的四書五經，成為考試最重要的內容，尤其明清時期考試內容便以四書五經為主，書院裡的教育主要教授四書五經，朱熹因此成為士子崇拜的對象，書院裡都供奉有朱衣星君，又稱「朱文公」。

▲科舉時期，文武書生努力讀書、鍛鍊，就為了能金榜題名。圖為代表舉人榮譽的旗杆座。

孚佑帝君

孚佑帝君是八仙之一的呂洞賓，民間稱為呂純陽祖師、純陽子、呂祖、呂仙公等，是道教中相當重要的神仙，也是民間最為人所熟知的一位神明。

十試考驗，修道成仙

關於呂洞賓的身世由來與其事績有許多的傳說。相傳呂洞賓是唐朝人，呂洞賓曾經考中進士，但為官不久即覺得與志趣不合便棄官隱居山林，在山中遇見正陽真人鍾離權，經過所謂「十試」的考驗之後，鍾離權才傳授他金丹之道，呂洞賓因而修道成仙。

傳說呂洞賓成仙後著有《陰符八品真經》，但無人重視，呂洞賓便將經書藏於南華寺等待有緣人。後來南華寺整修，經書現身，許多人因修練此書而得道，玉帝知道後，便封祂為「昊天金闕內相孚佑帝君」。

日記萬字，文采過人

呂洞賓從小就聰明過人，有著非常好的記憶力，書看過即能背誦，一天能記上萬字，更有著過人的文采，因此也成為文人崇敬的對象。相傳呂洞賓也留下許多著述，在道家經典群集的《道藏》中就收錄有呂洞賓的著作稱為《呂祖志》。

▲孚佑帝君即為八仙之一的呂洞賓，八仙的吉祥形象經常出現在廟宇的裝飾上，右二著道袍者即為呂洞賓。

▲木柵指南宮是臺灣最大的孚佑帝君信仰中心，民間稱呂洞賓為「仙公」，因此又稱「仙公廟」

呂洞賓深受文人的景仰，在許多文人的小說中都可以見得到他的身影。最為人所熟知的「黃粱夢」故事中，準備上京參加科舉考試的盧生，便是在旅館裡遇見了打扮成道士模樣的呂洞賓，盧生跟他借了枕頭小憩一下。在睡夢中，夢見自己中了科舉、當了宰相，享盡榮華富貴，但醒來時發現自己仍在旅館中，而旅館老闆的正在煮的黃粱飯都還沒熟呢！

亦仙亦神的呂仙公

呂洞賓，是中國民間家喻戶曉的神仙。他不僅是五文昌之一，更是理髮業、製墨業的守護神、八仙之一、也是恩主公信仰體系中的五恩主之一。經常一身道袍打扮，仙風道骨，容貌俊俏，是道教的代表人物。而民間對於呂洞賓的相關傳說也很多，最為人所熟知的諸如「狗咬呂洞賓」，以及情侶參拜呂洞賓容易被拆散的故事。亦仙、亦神、亦人的性格，是民間最親近的神明之一。

▲孚佑帝君（右）為民間的五恩主之一，經常與文衡聖帝關恩主（中）、司命真君張恩主（左）同祀。

第六章 增強考運怎麼拜？

考季到了，許多考生都會到有供奉文昌帝君的廟宇去祈求神明保佑，好讓自己能順利金榜題名。不過到廟裡拜拜，該怎麼拜？何時去拜？哪些供品可以讓你更幸運？這其中可是大有玄機喔！

一、拜拜時機

◎ 考前拜拜

所謂「臨時抱佛腳」雖然講的是不認真讀書的人，考前才想靠神佛幫忙的窘境。但對於認真準備的人來說，在考前到廟裡拜拜也是十分重要的。

考試前可以由考生親自或是家長代為前往文昌廟或是孔廟，向神明祈求增加考運。對考生來說，這也有一種安定心神的功效，可以避免考試時緊張、不安所帶來的失誤。

▲考前到廟裡拜拜，有時能為考生帶來安定心神的功能，降低考試失誤的機率。

◎誕辰拜拜

神明誕辰也是求考運的好時機，民間認為神明誕辰日到廟裡去向神明拜拜、祈願，特別能獲得神明的關注與加持，正在準備考試中的考生在碰到與考運相關神明的誕辰時，也可準備供品前往廟宇向神明誠心祈求，無形中能獲得神明的保佑。

考試相關神明誕辰表

神 明	誕 辰 日
文昌帝君	農曆三月初二
文魁夫子	農曆七月初七
文衡帝君	農曆六月二十四日
孚佑帝君	農曆四月十四日
朱衣星君	農曆二月初一
至聖先師	國曆九月二十八日

謝沅瑾民俗文化研究中心

▲民間認為神明誕辰日到廟裡向神明拜拜、祈願，能獲得神明特別的關注與加持。

二、廟裡求考運流程

廟中拜拜祈求好考運，除了帶著一顆虔誠的心，還要特別注意拜拜的流程，以免無意中對神明不敬而讓效果大打折扣！以下的流程根據一般廟宇拜拜的順序來說明，但各地的廟宇有些有自己的特殊方式，考生只要抱持著入境隨俗的心情，依據廟方的流程，懷著虔敬的心情拜拜，相信都能為自己帶來好運。

步驟一：入龍門

民間認為自廟宇左邊的門進廟，能招來最多福氣。

步驟二：拜天公爐

一般的廟宇都會設有天公爐，天公指的是最高位階的神明——玉皇大帝，在向主神致意之前，要先拜天公，以示誠敬。

步驟三：拜主神

主神是指該廟宇的主祀神明。不管廟宇的主祀是不是掌管文昌的神明，在求考運前都要先拜主神。拜主神時要稟明自己的身分、住家以及所求事項。

步驟四：拜配祀神明

所謂的配祀神明也就是主神
兩旁的神明，廟宇如果很
大，則後殿神明也是在這個
時候祭拜。

步驟五：求考運

廟宇中的神明都已經敬拜過後，即可針對考運部分向掌管考運的神明進行祈福。

可以帶一些考生平常使用的書本文具等，向神明說出考生姓名、地址、考試日期與內容後，將這些物品在主爐「過香火」（在主爐上方順時針轉三圈），便可以得到神明的特別加持與庇佑。

步驟六：放准考證

求考運時如果已經有了准考證，要記得將准考證影印本帶來，放在供桌上或廟方統一擺放的地方，能讓神明對你印象更為深刻。盡量不要攜帶正本前往，以免忘記帶回家，造成考試時不必要的緊張與混亂。

步驟七：點燈祈福

如果廟裡備有文昌燈或者燭台，考生也可以為自己點一盞燈或一對蠟燭，象徵照亮自己的考運，對於運勢的提升也有一定程度的效果喔。

另外也有些廟宇有特殊的祈福方式，考生也可以入廟隨俗。

步驟八：出虎口

敬拜完成之後，必須要經由廟宇的虎邊離開，即能趨吉避凶，好運滿滿。

虎口

三、幸運供品大解析

鮮 花素果是拜拜的必備品，祭拜文昌時，有一些特定的祭祀品一定要準備，這些祭品雖然在平常祭神的時候多半不使用，但卻是考生求考運的大法寶，能幫助考生變厲害、更幸運！但同時也要小心有些涵義不佳的ＮＧ供品，在求考運的時候千萬別擺上桌，以免無意間踩到地雷，招致反效果。

◎考生必備八大供品

幸運涵義：聰（蔥）明

幸運涵義：會算（蒜）

幸運涵義：好彩頭（菜頭）

幸運涵義：勤（芹）快

包子

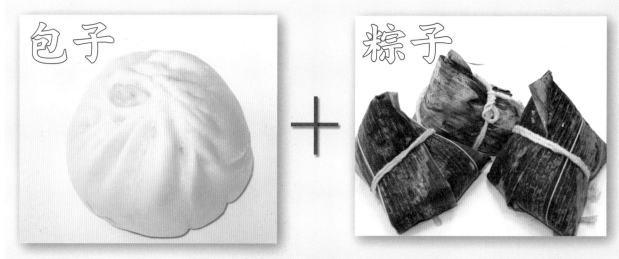

粽子

＋

幸運涵義：包（包子）中（粽子）

甘蔗

糕餅

幸運涵義：節節高升

幸運涵義：高（糕）中狀元

◎考生兩大NG供品

不良涵義：零分、完蛋

不良涵義：名落（落花生）孫山

◎考生飲食禁忌

考生平時必須要有均衡的飲食，才能有良好的精神與頭腦，考試自然會有比較好的表現。但在民俗上，為求好運勢，考生的飲食也有禁忌。一般來說，讀書人不吃蛙肉，因為奎與蛙的古字相通，奎星又與魁星相通，所以戒食青蛙表示對魁星的尊敬。另外，八字中帶魁罡的人，民俗上認為吃牛肉會影響到判斷能力，讓運勢不佳，因此建議不吃。

高中狀元，不吃蛙肉

命帶魁罡，忌吃牛肉

第七章 選對志願，事半功倍

不管升學或者求職，如果能夠瞭解自己的性向，在選擇未來要走的道路時，都能有比較明確的目標，人生規畫也能比較有階段性的一步一步前進。

但對很多人來說，有時因為興趣過於廣泛，有時因為對自己不夠瞭解，因而沒有辦法找出一個很清楚的方向，不知道自己到底想要做什麼。然而就讀的科系與日後所學對於人生的發展有很重要的影響，如何選擇一個適合自己的方向？許多家長與學生在選填志願時經常大傷腦筋。

在傳統上有一套方法，可以在這種迷惑的時刻，讓我們作為參考。藉著這套方法，再依循自己的興趣與能力，來選擇最適合自己的屬性類別科系，在求學與未來的發展上，就能比較容易收到事半功倍的效果。

▲求學或就業如果能夠依照自己的興趣，選擇適合屬性的科系與職業，在發展上，容易獲得更多加分，事半功倍。

民俗文昌篇

一、五行生剋

傳統的風水觀念中，認為這世界上的萬物都是由「金木水火土」所構成，這五行的「相生」、「相剋」，構成了萬物的變化。五行對照的不僅是天上的星辰與地上的物質，在傳統風水觀念中，五行與方位、數字、顏色、時間、乃至人體構造與職業，都有各自的五行屬性。

在「五行」的觀念中，每個人有各自的「五行屬性」，一旦瞭解自己所屬的五行，便可知道自己適合的方向與學習類別，可以依此作為對於未來規畫的參考。

簡單的說，在一開始挑選科系或職業上，如果能夠依照「五行相生」的原則，避開相剋的情形，不僅讀書與工作能事半功倍，也比較容易獲得好的發展與機會。

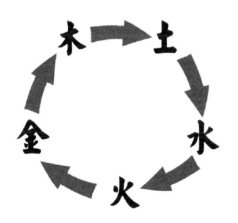

▲五行相剋圖

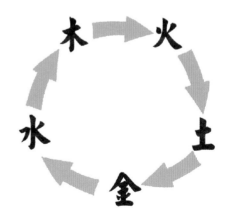

▲五行相生圖

二、找出個人屬性

要怎麼找出自己的個人屬性？首先在萬年曆中先找出自己出生日的「日干支」，例如民國一百年一月一日出生者，其日干支為「丙辰」，所以日干為「丙」。再依據「出生日期與易經卦相對照表」，便能推算出自己所代表的「易經卦象」。所以民國一百年一月一日出生者，日干為丙，對照以下的表格，便可以找出屬性為火。

出生日期與易經卦象對照表				謝沅瑾命理研究中心	
出生日期	日干：甲、乙	日干：丙、丁	日干：戊、己	日干：庚、辛	日干：壬、癸
易經卦象	木	火	土	金	水

而在「適合科系」的判定上，則需同時將「出生季節」考慮進去，對出生季節的判定，是以農民曆中的「節氣」為基準。將一年以「立春」、「立夏」、「立秋」、「立冬」這四個日子區分為春夏秋冬四個季節，在「立春」後、「立夏」前出生者，其出生季節即為「春」。若是出生於交節氣的當天又怎麼計算呢？事實上「交節氣」是指太陽在某個時點開始走入下一個節氣，所以是以「某日某時」為時間點，過了交節氣該日的該時辰之後，才轉為下一個季節。

而同一屬性出生季節卻不同的人，在特性上會有所不同。例如：「水」可以代表河川，春天冬雪漸融，河川水量原本就已充足，此時若雨「水」過多，反而可能造成氾濫潰堤的災害。因此「春月之水」便不適合「水」。但如果是「夏月之水」，由於太陽十分「火」熱，河川水量蒸發迅速，甚至可能乾涸，因而此時雨「水」便越多越好。所以季節與屬性的搭配十分重要。

找出所屬的「四時屬性」之後，便可以對照「出生節氣屬性與適合科系對照表」，找出最適合的科系屬性，再從下面的「五行科系列表」中，就可以找到適合的發展方向。

出生節氣屬性與適合科系對照表　謝沅瑾命理研究中心 瑾

日干甲乙（木）					
科系屬性 出生日	金	木	水	火	土
春 月 之 木	可	良	劣	優	差
夏 月 之 木	可	差	優	劣	良
秋 月 之 木	良	可	劣	優	差
冬 月 之 木	差	可	劣	優	良

日干丙丁（火）					
科系屬性 出生日	金	木	水	火	土
春 月 之 火	優	可	劣	良	差
夏 月 之 火	良	劣	優	差	可
秋 月 之 火	差	優	劣	良	可
冬 月 之 火	差	優	劣	良	可

日干戊己（土）					
科系屬性 出生日	金	木	水	火	土
春 月 之 土	差	劣	可	優	良
夏 月 之 土	可	良	優	劣	差
秋 月 之 土	劣	優	差	良	可
冬 月 之 土	差	良	優	可	劣

日干庚辛（金）					
科系屬性 出生日	金	木	水	火	土
春 月 之 金	良	差	劣	可	優
夏 月 之 金	優	差	良	劣	可
秋 月 之 金	劣	良	優	可	差
冬 月 之 金	良	差	劣	可	優

日干壬癸（水）					
科系屬性 出生日	金	木	水	火	土
春 月 之 水	差	優	劣	可	良
夏 月 之 水	良	劣	優	差	可
秋 月 之 水	優	可	差	良	劣
冬 月 之 水	差	良	劣	優	可

◎五行科系列表

每一個學門都有自己的屬性，但由於每個科系所教授的範圍廣泛，例如在餐飲這個大項，在一般的分類上，屬於火性。但餐飲學門中，可能含括了餐飲管理、廚藝、餐飲與休閒等，仔細區分這些系所就又會發現其中有各自不同的屬性。因此在這裡我們僅提供屬於學門的屬性類別列表，供選讀者選填志願時作為參考。至於畢業以後要從事的職業屬性，則可以參考「謝沅瑾開運農民曆」系列有更詳細的分類。

◉屬金性行業

與金（金屬、工具、金錢）相關行業：

經濟學類、政治學類、地理學類、公共行政學類、國際事務學類、綜合社會及行為科學學類、一般商業學類、會計學類、企業管理學類、貿易學類、財務金融學類、風險管理學類、財政學類、醫管學類、其他商業及管理學類、數學學類、統計學類、其他數學及統計學類、電算機一般學類、網路學類、軟體發展學類、系統設計學類、電算機應用學類、其他電算機學類、電資工程學類、機械工程學類、工業工程學類、測量工程學類、生醫工程學類、核子工程學類、競技運動學類、運動科技學類、運動休閒及休閒管理學類、生活應用科學學類

屬堅硬性、主動性、主宰性之行業：

一般法律學類、專業法律學類、其他法律學類、生物學類、生態學類、生物科技學類、微生物學類、生物化學學類、生物訊息學類、其他生命科學類、化學學類、地球科學學類、物理學類、大氣科學學類、海洋科學學類、天文及太空科學學類、其他自然科學學類、警政學類、軍事學類、其他軍警國防安全學類

⊙屬木性行業

與木（木材、紙筆布料、藥材）相關行業：
醫學學類、公共衛生學類、藥學學類、復健醫學學類、營養學類、護理學類、醫學技術及檢驗學類、牙醫學類、其他醫藥衛生學類、身心障礙服務學類、老年服務學類、社會工作學類、兒童保育學類、其他社會服務學類

屬心靈導引、潛移默化之行業：
綜合教育學類、普通科目教育學類、專業科目教育學類、學前教育學類、成人教育學類、特殊教育學類、教育行政學類、教育科技學類、教育測驗評量學類、其他教育學類

⊙屬水性行業

與水（水、海河、冰）相關行業：
餐旅服務學類、觀光休閒學類、一般大眾傳播學類、航海學類、運輸管理學類、行銷與流通學類

屬流動性之行業：
新聞學類、廣播電視學類、公共關係學類

⊙屬火性行業

與火（火、光、熱、電）相關行業：
化學工程學類、紡織工程學類、服飾學類、美容學類

具影響性之行業：
美術學類、雕塑藝術學類、美術工藝學類、音樂學類、戲劇舞蹈學類、視覺藝術學類、綜合藝術學類、民俗藝術學類、應用藝術學類、藝術行政學類、臺灣語文學類、中國語文學類、外國語文學類、其他語文學類、翻譯學類、比較文學學類、語言學類、宗教學類、歷史學類、人類學學類、哲學學類、文獻學學類、他人文學類、綜合設計學類、視覺傳達設計學類、產品設計學類、空間設計學類、其他設計學類、社會學類、民族學類、心理學類、區域研究學類、博物館學類、圖書資訊檔案學類、圖文傳播學類、廣告學類、其他傳播及資訊學類

⊙屬土性行業

與土（土地、土木）相關行業：
土木工程學類、材料工程學類、環境工程學類、河海工程學類、綜合工程學類、其他工程學類、建築學類、景觀設計學類、都市規劃學類、其他建築及都市規劃學類、一般農業學類、畜牧學類、園藝學類、植物保護學類、農業經濟及推廣學類、食品科學類、水土保持學類、農業化學類、農業技術學類、林業學類、漁業學類、其他農林漁牧學類、獸醫學類、航空學類、環境資源學類、環境防災學類、其他環境保護學類

與喪葬有關行業：
宗教學類

適合科系類別評價說明表

謝沅瑾命理研究中心

綜合評價	綜合解說	付出得到數字比例
優	付出一分，得到兩分。 為最適合之行業。	1:2
良	付出一分，得到超過一分。 暗示比較輕鬆。	1:1.5
可	一分耕耘，一分收穫。 努力多少，便得到多少。	1:1
差	付出超過一分，但只得到一分。 暗示辛苦多勞、不穩定。	1.5:1
劣	付出兩分，得到一分。 暗示任何有形無形投資必然虧損。	2:1

⊙文昌符使用説明

本次隨書附贈之「**開運文昌符**」（右頁，請讀者自行剪裁），皆由**謝沅瑾老師親自繪製開光**，希望讀者都能受文昌帝君的加持，招來好考運，考試順利，金榜題名。

使用方法：文昌符可以放置在家中的文昌位、書桌上，也可以隨身攜帶。

此符有**一整年**之效力，使用前可以先拿到**文昌廟主爐上過香火**，更添效力。擺放或者攜帶一年之後，在農曆十二月二十四日**送神日**時，同金紙一起化掉即可。

⊙魁星踢斗圖使用説明

本次隨書附贈之「**魁星踢斗圖**」（右頁，請讀者自行剪裁），皆由**謝沅瑾老師親自繪製開光**，希望讀者都能受文昌帝君的加持，招來好考運，考試順利，金榜題名。

使用方法：魁星踢斗圖可以放置在家中的文昌位、書桌上或貼在書桌前的牆壁上。

此符有**一整年**之效力，使用前可以先拿到**文昌廟主爐上過香火**，更添效力。擺放一年之後，在農曆十二月二十四日**送神日**時，同金紙一起化掉即可。

謝沅瑾老師在此還要提醒大家，開運文昌符與魁星踢斗圖皆具有招考運的功效，平日若多**努力讀書，認真學習**，則效果更佳！

魁星踢斗圖

謝沅瑾命理研究中心　謹

開運文昌符

謝沅瑾命理研究中心　謹

生基

風水

讓富人累積財富
讓窮人改變命運

改命　造運　作生基

有心改變命運者，請洽：

電話：886-2-2756-9880（週一至週五AM10:00-PM6:00）　電子信箱：hyjls@yahoo.com.tw

謝沅瑾命理研究中心 瑾

謝沅瑾老師之專題演說

謝沅瑾老師自1994年起開始接受媒體專訪與節目錄影，善於將古老複雜的風水、命理與姓名學，轉變成人人都聽得懂的科學說法與生活道理，除了在媒體大受歡迎之外，各單位也爭相邀請老師蒞臨進行專題演說。

由於謝老師長期推行「風水是生活科學」的道理，因此一直有許多學術、科技單位對於謝老師十分敬佩，紛紛邀請謝老師前往演說，配合邀請單位所需的主題，古老的風水與現代的科學，在謝老師的努力之下，成功的做了一次又一次的結合。

不管是在國內外，不管是高級知識份子或一般民眾，任何聽過謝老師演說的人，都感到茅塞頓開，對於這項學問不再有疑慮與恐懼，甚至開始身體力行，許多人也都因此得到了「風水讓富人累積財富，讓窮人改變命運」的成果。

演說預約專線 02-2756-9880／**傳真** 02-2756-9762／Email:hyjls@yahoo.com.tw

謝老師受邀前往東南亞各國演說簽書

謝沅瑾命理研究中心 瑾

服務內容

◎風水鑑定服務內容◎

‧住家、店家、辦公室勘輿鑑定‧風水鑑定、地點位置選擇諮詢‧
‧隔間、裝潢、擺設及設計諮詢‧內部與外部煞氣之鑑定與化解‧
‧財位、文昌、旺方等方位判定‧

◎各式制煞招財物品◎

‧謝沅瑾老師本人親自擇日開光‧

◎改名命名服務內容◎

‧謝沅瑾老師本人親自取名改名‧個人、新生兒、公司行號命名‧
‧現有姓名與寶號之鑑定與分析‧新生兒配合生辰八字與父母名‧
‧店名寶號配合負責人生辰八字‧

◎改名命名產生效果◎

‧調整運勢，讓事業轉為成功‧調整人緣，讓人際獲得改善‧
‧調整健康，讓病弱轉為康健‧調整姻緣，讓夫妻變為良緣‧
‧調整家運，讓家運轉為大興‧調整子女，讓子女變的孝順‧
‧調整財運，讓財富得以累積‧調整人生，讓生命有所轉變‧

■預約電話—886-2-2756-9880（週一至週五AM10：00~PM6：00）
■預約傳真—886-2-2756-9762（24小時）
■制煞、招財物品請洽：0935269265（週一至週五PM1：00～PM6：00）
■電子信箱—hyjls@yahoo.com.tw
■官方網址—www.hyj.tw

招財祈福—承天寶鼎

擋煞助旺—五帝錢

化煞旺宅—乾坤太極圖

祛煞求子—麒麟踩八卦

謝沅瑾命理研究中心 瑾

專業團隊

胡瑋庭 老師（入室大弟子）

◎謝沅瑾命理研究中心行政負責人
◎中華堪輿擇日師協會總會名譽副理事長
◎中華星相易理堪輿師協進會台北市分會秘書長

于子芸 老師（入室二弟子）

◎謝沅瑾命理研究中心專任解說老師
◎謝沅瑾命理研究中心新加坡分部專任解說老師
◎中華堪輿擇日師協會台北市分會會長
◎中華星相易理堪輿師協進會台北市分會副會長

馮琢婷 老師（入室三弟子）

◎謝沅瑾命理研究中心專任解說老師
◎謝沅瑾命理研究中心新加坡分部專任解說老師
◎中華星相易理堪輿師協進會台北市分會會長

謝沅瑾招財風水教科書

風水命理界的教父謝沅瑾老師招財風水大公開！
五大招財位置大公開，滴水不漏要你一定能招財！
30項漏財煞氣大公開，天羅地網要你絕對不漏財！
超過200張表格圖解與照片，讓你立即能應用！
正財位、偏財位、明財位、催財位、財庫完全使用！
錯過此次保證你會後悔一輩子！

謝沅瑾老師教你改好運發大財

運用秘法尋找財位、文昌位、桃花位與避開煞方位，
20大開運秘法，皆附有詳細圖解改運程序與步驟！
催動發財運，事業運，健康運，感情運……
全在這本獨家首創風水改運DIY專書裡
讓謝老師教你趨吉避凶，轉好運
改好運，發大財，自己動手就能做得來！

謝沅瑾老師教你改好運發大財2

◆ 5招旺運法教你提振磁場，改好整體運！◆ 4招招
財法教你招來財富，改好發財運！◆5招升官法教你升
官發財，改好事業運！◆3招去病法教你遠離病氣，
改好健康運！◆ 3招招桃法教你招好桃花，改好感情
運！
獨門密法大公開，不必花大錢，改運也能自己DIY！

謝沅瑾新居家風水教科書

謝沅瑾老師風水教科書系列全新鉅著
10大居家重要風水大解析
超過200張珍貴現場實際堪輿照片，
包括住家坐向判定、內外煞氣化解等兩部分，
讓你逐步檢視家中環境，輕鬆改善家中風水
踏出由窮轉富、由富轉貴最重要的第一步！

謝沅瑾開運農民曆系列

風水命理教父謝沅瑾老師首創100%看得懂的農民曆！
精確、實用、又容易閱讀！方便使用、簡單易懂！
自己選擇吉日、吉時，趨吉避凶，事業有成！

◆如何看懂農民曆　◆農民曆之重要名詞解釋
◆開門吉時祭拜與迎財神　◆年度吉時　◆每日宜忌
◆大利方位表　◆如何擇日擇時　◆如何運用財喜貴方
◆安神煞方與安神法　◆生肖每月運勢
◆當年出生者命名注意事項◆姓名筆畫之吉凶靈動表
◆當年出生者適合職業解析　◆九宮飛星運勢大解析
◆運勢專題　◆太歲星君安奉與太歲符

謝沅瑾民俗風水教科書系列新書陸續推出中！
敬請密切注意各大書局連鎖及謝老師官方網站！

◎書名：文昌風水教科書

◎作者：謝沅瑾

◎出版發行—聯經出版事業股份有限公司
◎地址—台北市基隆路一段180號4樓
◎發行人—林載爵
　叢書主編—林芳瑜
　編輯—林亞萱
　電話—(02)8787-6242 轉 221
　傳真—(02)2756-7668
　聯經網址—www.linkingbooks.com.tw
　電子信箱—linking@udngroup.com

◎書籍製作— 謝沅瑾 民俗文化研究中心 瑾
　採訪撰寫／文字整理—周彥彤
　場景攝影—歐秉瑾
　美術編輯—歐秉瑾、周彥彤

◎書籍內容與服務諮詢— 謝沅瑾 命理研究中心 瑾
　電話—02-2756-9880（AM10:00~PM6:00）　傳真—02-2756-9762（24小時）
　電子信箱—hyjls@yahoo.com.tw　網址—www.hyj.tw
　台灣以外地區：
　電話—00886-2-2756-9880（AM10:00~PM6:00）
　傳真—00886-2-2756-9762（24小時）
　制煞物品—0886-935269265（AM10:00~PM6:00）

◎製版印刷－文聯印刷　◎2011年9月初版一刷
◎定價—380元　◎總經銷—聯合發行股份有限公司　◎ISBN—978-957-08-3884-8

國家圖書館出版品預行編目資料

文昌風水教科書／
謝沅瑾著・初版・台北市・聯經
2011年9月（民100）
168頁；20×19公分
ISBN：978-957-08-3884-8（平裝）

1. 改運法　2. 風水　3. 文昌